主办单位：中国管理现代化研究会政府战略
　　　　　中央财经大学政府管理学院
　　　　　中央财经大学战略管理研究中心

# 政府管理评论

## Public Management Review

### 2016年 第1辑

经济管理出版社
ECONOMY & MANAGEMENT PUBLISHING HOUSE

图书在版编目（CIP）数据

政府管理评论（第一辑）/赵景华主编.—北京：经济管理出版社，2016.11
ISBN 978-7-5096-4757-8

Ⅰ.①政… Ⅱ.①赵… Ⅲ.①国家行政机关—行政管理—中国—文集 Ⅳ.①D630.1-53

中国版本图书馆 CIP 数据核字（2016）第 280069 号

组稿编辑：申桂萍
责任编辑：高 娅
责任印制：司东翔
责任校对：超 凡

出版发行：经济管理出版社
　　　　　（北京市海淀区北蜂窝 8 号中雅大厦 A 座 11 层　100038）
网　　址：www.E-mp.com.cn
电　　话：(010) 51915602
印　　刷：三河市延风印装有限公司
经　　销：新华书店
开　　本：787mm×1092mm/16
印　　张：11.25
字　　数：232 千字
版　　次：2016 年 11 月第 1 版　2016 年 11 月第 1 次印刷
书　　号：ISBN 978-7-5096-4757-8
定　　价：20.00 元

# 目录

# Contents

# 中国行政改革的战略选择：全球化抑或本土化

张梦中

（马里兰大学，美国）

【摘　要】从20世纪60年代开始，当今世界的大多数国家，包括许多新近独立的殖民地国家都以不同的形式推行了行政改革。由于不同的国家处在不同的历史、政治和社会经济发展阶段，因此它们的改革在原因、目的和方式上有着截然不同的特征。然而，经过细心的研究，我们会发现，在这些行政改革当中有许多都带有某种共同的特征。尽管公共行政研究有着自己的盛衰发展规律，但是它从来没有成为一门完整的学科。公共行政学界总体上来说很少关注社会主义国家的行政改革，尤其是中国的行政改革。本文试图填补公共行政文献的空白，通过将中国行政改革置于全球政府创新的显微镜之下，尤其是新公共管理浪潮。目的在于识别中国行政改革与标有新公共管理的国家的行政改革的共同特征以及提炼出中国行政改革的独有特征。

【关键词】中国行政改革；新公共管理；全球化；地方化；共同特征；独有特征

[作者简介] 张梦中，美国新泽西州立大学公共行政专业博士。现任美国马里兰大学帕克分校公共政策学院教授，美国国家公共生产力中心研究员，美国公共行政学会中国分会会长，美国行政学会美中公共行政国际合作局副主任。担任美国《公共部门业绩与管理评论》（英文）杂志编委、美国《公共之声》（英文）杂志编委，《中国公共管理评论》（英文）创始人之一并担任管理主编。华中科技大学、吉林大学、武汉大学、西安交通大学等10余所大学客座/兼职教授，《中国行政管理》杂志社特约研究员。主要研究领域为公共行政思想史、比较公共行政、公共财政与预算、组织理论。

# 一 导 论

从 20 世纪 60 年代开始，当今世界的大多数国家，包括许多新近独立的殖民地国家都以不同的形式推行了行政改革。由于不同的国家处在不同的历史、政治和社会经济发展阶段，因此它们的改革在原因、目的和方式上有着截然不同的特征。然而，经过细心的研究，我们会发现，在这些行政改革当中有许多都有某种共同的特征。

怎样来解释这种现象呢？一种解释就是全球化的力量在起作用。由于全世界在20 世纪后半叶进入了"地球村"时代，因此从那时到现在没有一个国家能够不受地球上其他国家的影响。然而，这种全球化影响的程度却是不一样的，也就是说不是每一个国家都受到了同样程度和同样范围的影响。每一个独立的国家都有着自己独一无二的社会—经济—政治环境特征，并且从一开始就处在不同的历史出发点上。因此，我们注意到了两个似乎矛盾的现象：一方面是汇聚；另一方面则是离散。

比较行政学传统的研究致力于借鉴第一世界国家（较发达国家）的经验教训应用到第三世界国家（欠发达国家）当中。尽管比较公共行政研究有着自己的盛衰发展规律，但是它从来没有成为一门完整的学科。公共行政学界总体上来说很少关注社会主义国家的行政改革，尤其是中国的行政改革。近年来，只有少数学者对中国和世界上其他国家的行政改革做过比较研究。本文试图弥补公共行政文献中的研究空白，把中国的行政改革放到全球政府创新这样一个总体背景下，尤其是在新公共管理（NPM）运动这样的趋势下来分析。本文的目的就是探究中国的行政改革和那些推行新公共管理运动的国家的共同特征，以及中国行政改革与别国的不同之处。

为了完成上述目的，第一，本文将从三个方面回顾公共行政文献，即全球化以及对公共行政的影响、新公共管理、政策转移；第二，本文将简要描述和分析中国的行政改革；第三，笔者将分析全球化对中国行政改革的影响并探究中国和其他国家在行政改革方面的共同点；第四，本文将论述中国行政改革所具有的独一无二的特征；第五，作者将总结自己的观点并提出今后的发展前景。

关于全球化、新公共管理和政策转移的详细文献很多。本部分的目的是给中国的行政改革设置一个简明的国际背景，并且把政策转移概念化。因此，本部分是分析中国行政改革与别国行政改革之间相同点和不同点的基础。

## （一）全球化以及对公共行政的影响

正如其他学术名词一样，全球化并不是一个简单的定义。全球化的基本要义就是作为世界经济发展的一个必要趋势——经济全球化。全球化意味着经济资源（资本、技术、产品和劳动力）跨越国家界限在全球范围内流动。在这一过程中，每个国家的经济都变得越来越开放和相互依赖。一个国家的经济会受到另一个国家经济的影响和制约。这样一个全球一体化的经济体就形成了。

近年来，伴随着科学和技术革命，尤其是快速增长的信息通信和网络技术，信息可以自由地在空间传递，因此加速了全球化的进程。人类能够克服空间和社会障碍，如制度和文化方面的障碍，实现充足的沟通和更协同的行动。在全球化的影响下，世界经济、政治、文化、科学技术和教育甚至思维模式已经有了深刻而持续的变化。因此，各个国家和社会之间变得更加相互联系和相互依赖。

全球化可以追溯到 16 世纪，帝国主义和资本主义在全球范围内扩张成为全球化的必要条件。两次世界大战推进了资本主义的发展，并且在"冷战"期间达到了新的高度，全球化的进程因此加快了。伴随着 20 世纪 90 年代苏联共产主义联盟的瓦解，全球化的步伐又进一步加快了。全球化指的是"国际化过程的范围和强度在数量和质量上的增长"。

虽然阿里·法拉兹曼德强调了在全球化背景下公共行政面临的挑战，并为全世界的公共管理者提出了 12 条建议，笔者在这里简要介绍一下全球化对公共行政的五个方面的影响：

第一，在全球化背景下，公共行政的主体多样化了。传统上民族国家的概念受到了挑战并被削弱了。超国家的机构，如联合国和它的附属机构，像世界银行、国际货币基金组织和世界贸易组织，发挥着越来越重要的作用，并且这些组织受到了三方（美国、一些西欧国家、日本）的控制。另外，还有其他一些国际非政府组织和多国、跨国的合作作为治理主体。

第二，在全球化时代，公共行政的方法变得更加以计算机为基础、数字化和网络化。电子政务、电子商务、电化教育、电子信箱和其他信息沟通技术正在深深地改变着传统的行政工具和方法，这些变化也在增强公共生产力。

第三，虽然全球化的进程促进了世界经济和社会的发展，但是在这一过程中出现了许多新的问题。这些问题包括环境污染、濒于灭绝物种的消失、森林的毁坏、沙漠化和资源的匮乏。在社会发展方面的问题包括：人口的增长、贫富差距增大、金融危机和种族与宗教冲突。除此之外，毒品交易、走私、国际卖淫、黑社会、国际恐怖主义等问题都对公共行政界形成了挑战。因此，需要合作努力和协作解决。

第四，全球化需要更高素质的公务员队伍。公共雇员被期望拥有对传统制度和行政体制的改革意识和创新精神。

第五，全球化有很多负面的影响。"它们包括国家主权的削弱或丢失、对民主的束缚、社区的丢失、专注于全球权力结构、公司和政府组织精英的不断集中，以及全球化权力的影响下在不发达国家中附属国的增加"。因此，公共行政学界的当务之急是应对这些变化。

## （二）新公共管理

根据欧文·休斯（Owen Hughes）的论述，新公共管理是"公共部门改革的协调一致的项目，它致力于用管理（management）替代行政（administration），尽可能地用市场和承包合同替代官僚体制，并精简公共部门的幅度和规模"。克里斯托弗·胡德（Christopher Hood）使得新公共管理一词名声大噪。他认为，管理项目有七个重要成分：①公共部门应该有师傅带徒弟式的职业管理过程。这一点指出了致力于管理的是管理者，换句话说，应当对在第一线工作的管理者赋予权力。②有对业绩的明确标准和评估手段。③强调产出管理。④把公共部门分化成单元进行管理并且建立一些形式的准独立组织作为执行机构。⑤强调公共部门之间的竞争，包括公开招标程序。⑥强调管理实践中的私营部门风格。⑦强调公共部门资源使用过程中的成本节约，减少公共支出。

简而言之，新公共管理运动的概念始于20世纪80年代初的新西兰（后被称为"新西兰模式"）、澳大利亚和英国，后来传至美国及其他国家。它的精髓是将私营部门的管理理念和技术引入公共部门，通过承包和私营化来削减公共部门的职能。新公共管理的重要理论基础是新制度经济学和公共选择学派，它们的理论假设是建立在经济人基础之上的，并且认为最大化预算是公共行政者的最大动力，因而理性的选择是用市场替代政府和其他公共部门。更确切地说，这些新公共管理的理念包括以下诸多方面的内容：削减公共部门的冗员，减少公共支出规模，私营化，契约外包，政府服务的移出，将私营部门的管理工具引入公共部门，分权，解除规制和再管制，培养基于绩效的文化，应用质量作为评估工具，强调结果而不是过程，以及强调顾客优先。

近20年来行政改革的新公共管理模式可能由多种原因引起。从20世纪70年代到80年代，许多国家在公共部门推行改革计划。在这些国家中有很多国家存在着经济下滑的局面，此外，也有的国家是出于政治压力而进行改革。"贬责官僚"就是一个典型的现象。人们指责官僚自我扩张、制造麻烦、缺乏主动性及麻木不仁。这种反国家（Anti-State）的观点在唐纳德·里根总统的各种演讲中有着生动的反映，比如，"在这次危机中，政府不是解决问题的，政府本身就是问题。"再如，"除了它的法定职能之外，政府也做不了什么……"，"联邦政府从民众那里收取了太多的税"，"由于政府扩大了，自由就缩小了"，"政府就像一个婴儿，它的消化道有着极强的食欲……"，"一个政府机构会与民众一直如影相随……"，"没有政府会自愿减少它自己的规模。"作为英国行政改革的长期指导方针，撒切尔主义受到右翼思想的影响。撒切尔坚持反国家主义的立场，她认为无所不包的政府压制了个人、家庭和社会群体的创造性。她认为"大政府"生产和分配公共物品没有效率，"大政府"扭曲了市场机制并且对顾客的质量要求不敏感，政府提供服务的统一标准忽视了公共服务的多元性。在政治上，撒切尔认为政务官已经变成了官僚机构的俘虏及其共谋者。在政府行政职能方面，来自撒切尔主义的批评主要集中在：僵硬的层级结构，缺乏灵活性和创造性。因此，官僚机构跟不上经济和技术快速发展的步伐。

撒切尔主义公共管理理念的核心就是以市场为导向的改革，它包括四个方面的内容。第一，撒切尔主义坚信市场机制和市场的力量，为最大限度地减少政府干预辩护。第二，撒切尔主义主张廉价政府和小政府。他们认为节约成本和减少税收有利于刺激私人资本投资并且促进经济繁荣。第三，撒切尔主义认为官僚机构可能会引发低效率和浪费，因此有必要加强对高级政务官的控制并且减少公务员的数量。第四，撒切尔主义不信任政府以及所有公共部门。相对比而言，撒切尔主义信奉私人部门管理的方法和手段。

## （三）政策转移

关于政策转移的文献不少，最近又有一篇题为《作为前景评估形式的政策转移：挑战与建议》的文章对政策转移的文献做了全面的回顾。早在南北战争时期，美国就借鉴了英国的国民收入所得税制度来为军队筹集资金。社会保障和失业保险就是19世纪末20世纪初跨国政策转移的例证。尽管美国的公务员考试起源于英国，但是用考试来选拔有能力的人进入公务员系统还要追溯到中国古代选拔文官的实践。

英国实际上得益于中国公务员制度的学术资源。紧接着，"二战"后日本的行政改革就借鉴了美国的实践和理念。

随着交流的增加和全球化步伐的加快，跨国政策转移在频率和范围上有增加的趋势。在过去的大约 20 年间，公共行政领域关于行政改革的理念，如私有化、分权、市场导向见证了政策不仅在发达国家之间扩散，而且政策的理念和实践也渗透到了发展中国家。

政策扩散的学术文献集中在两个方面：一是关于在政府部门之间采用政策创新的时间顺序和地理模式。这一类的文献设法解释哪些因素决定了哪些部门是更早的更有创新的采纳者，或者解释哪些因素使得特定政策领域内的采纳者与非采纳者区分开来。二是寻求政策扩散的资源：在促进政策扩散的过程中，国家间暗示接收模式和政府的角色、职业组织、政策团体和政策倡导者。尽管有许多因素促进政策在国家间扩散起到了关键作用，但是跨国的案例分析表明至少有五个因素是最为重要的：①地理接近；②政策倡导者；③非正式的政策团体；④联邦政府的参与；⑤国际组织的帮助。

跨国政策移植的个案研究很多。大多数研究已经在几个案例研究的基础上构建了理论框架。这些研究探讨了各种问题，包括接受国参与政策转移的原因、政策移植在政治过程中所扮演的角色、决策过程的特征，以及政策转移的成功与失败。

近年来，政策转移研究取得了进一步的成果。比如，新西兰从澳大利亚以及其他几个国家借鉴了一些理念应用到自己国家的新公共管理改革当中。美国政府利用了经济合作与发展组织（OECD）国家在绩效管理方面的研究成果，尤其是澳大利亚的实践经验，来构建自己的《政府绩效和成果法》（*Government Performance and Results Act*）。新近出版的几本书也表明了政策转移的流行程度。它们是：《政策转移和英国社会政策：来自美国的经验》（*Policy Transfer and British Social Policy*：*Learning from the USA*）；《东南亚的公共管理与政策转移》（*Public Management & Policy Transfer in Southeast Asia*）；《政策转移、新公共管理与全球化：墨西哥与加勒比海地区》（*Policy Transfer*，*New Public Management and Globalization*：*Mexico and the Caribbean*）。

## 三　中国的行政改革

这一部分将会勾勒出中国行政改革的主要线索。尽管详细的内容也许需要用一本书才能讲清楚，但这一部分还是要尝试提取中国行政改革的显著特征。从一种历史的角度上说，评论家和观察家们会认为当代中国的历史可以被分成两个部分：毛泽东时代（1949~1976 年）和后毛泽东时代（1977 年以后）。对每个时代而言都有一些独特的特征，而这两个时代也呈现出了一种关于改革相似性和差异性的自然对比。

## （一）毛泽东时代（1949~1976 年）

### 1. 中国治理的构成

当中国共产党在 1949 年开始执政时，它在经济发展上并没有很多选择。它的主要任务是恢复被战争摧毁的经济并且立即执行某种形式的土地再分配。中国在 1950~1953 年实施的最重要的规划就是土地改革。在 1949 年，当中国共产党解放了全国后，大约有 5 亿人民生活在农村。1950 年的《土地改革法》基本上是一种温和的改革措施，允许富农和地主保留他们的土地。土地的再分配是在 1952 年完成的。很显然，土地再分配不是为了解决基本的农业问题。数以百万计的新土地所有者们马上意识到他们的耕地太小，以至于不能养活他们的家庭。既然农民自己已经通过土地再分配而投入党的事业当中，他们就不得不接受党对新的互助合作组的呼吁，这一合作组将耕畜、农具和共用劳动力整合在一起。在 1953~1954 年，互助合作组演变成为更加复杂的合作社，即农业生产合作社。个体农民合并了他们的生产资料（土地、耕畜、农具和房屋）以换回在合作社中的股份。虽然这场运动是自愿进行的，但党开展了群众运动来劝说并强制农民加入农业生产合作社。

农业生产合作社使得农民能够更好地利用生产资料和劳动力。在淡季，可以很容易动员剩余劳动力来从事小规模的灌溉作业，比如修建沟渠、池塘以及堤坝。合并后的剩余劳动力能够通过灌溉和重新造林开垦荒地。到 1953 年，国家已经完成恢复战后经济和巩固国家统治的任务。随着朝鲜战争的结束，国家有着充足的自信来开展迅速的工业化。采用的途径是斯大林长期中央计划战略，这一战略在"二战"之后证明是一种成功的社会主义模式。

斯大林模式的基本特点就是通过对资本产品工业的集中分配投资，来快速建立重工业部门。这一模式要求高层政治家们做出高度集中的决定以确定不同经济部门需要完成的目标和配额。

### 2. 前三轮行政改革

不同于美国政府的政治体系，它们的政府由三部分组成[1]，在中国，政府由多个治理机构构成。这些机构包括：行政部门（国务院，在 1949~1953 年是政务院）、中央军事委员会、最高人民法院、最高人民检察院。除此以外，中央政治局和中国共

---

[1] 美国联邦行政机构由内阁各部、总统办事机构和独立机构构成。

产党中央委员会、全国人民代表大会以及中国人民政治协商会议都在中国的治理中发挥着重要作用。

（1）第一轮行政改革（1949~1956年）。在1949年，政务院内部设有35个工作机构（部和委员会）。虽然有一些细微的调整，但中央行政机构的总数到1951年时还是保持不变的，仍然是35个。为执行第一个五年计划，政府认为有必要加强中央政府的集权并在政务院中增加中央行政机构的数量。到1953年时，中央行政机构的总数增加到42个，大致上对应着政府新增加的经济职能。在1954年，国务院成立，取代了先前的政务院。到1954年，总共有64个中央行政机构（包括各部、委员会以及其他国务院领导之下的工作办公室）。在这些行政机构当中，有35个行政机构负责经济职能。在1955~1956年，国务院再次调整行政机构，变成了81个行政机构。第一轮的行政改革到此结束。这一轮行政改革的主要特征是增加中央行政机构的数量，这与社会主义建设的经济发展需要大体相符。

在第一次行政改革中，有几次削减行政机构和人员数量的尝试。比如说，中央政府在1951年公布削减人员和行政机构的命令。到1954年6月，在中央及省级政府中削减了152000名公务员。第二次尝试在1956年进行，削减了36270名公务员，这个数量约相当于公务员总数的40.1%，并削减掉了2198个行政机构部门（大约占行政机构部门总数的38%）。

（2）第二轮行政改革（1956~1959年）。随着第一个五年计划和社会主义改革措施的完成，中央机构的全面集中体制出现了一些问题。这些问题包括行政机构膨胀、行政的低效以及地方机构的抱怨。由于中央政府管得太宽，地方政府没有决定权和动力来生产公共产品并有效提供公共服务。在这种情况下，毛泽东1956年在他著名的《论十大关系》中说：

> "目前要注意的是，应当在巩固中央统一领导的前提下，扩大一点地方的权力，给地方更多的独立性，让地方办更多的事情。这对我们建设强大的社会主义国家比较有利。我们的国家这样大，人口这样多，情况这样复杂，有中央和地方两个积极性，比只有一个积极性好得多。我们不能像苏联那样，把什么都集中到中央，把地方卡得死死的，一点机动权也没有。"

遵循着毛泽东的文章，中央政府开始分给地方政府一些权力。特别是，先前由中央政府控制的一些国有企业转到地方政府的手中。对中央政府来说，已经不需要这么多部级单位。中央行政机构从1956年的81个削减到1959年底的60个。在这些削减掉的部门当中，负责经济职能的占50%或更多。

（3）第三轮行政改革（1959~1976年）。"1959年削减机构改革"带来了混乱和无政府状态，这部分是受"大跃进"运动和"左"派意识形态的影响。在1959年7月的庐山会议上，毛泽东说："'四权'（人权、财权、商权、工权）过去下放多了、快了一些，造成混乱，有些半无政府主义，要强调统一领导、集权问题，下放的权力要适当收回，收归中央、省市两级。"

为遵从毛泽东的意见，中央政府开始强调统一化领导和权力集中。在 1961 年，许多以前被削减的机构重新返回，新的机构也得以建立。这样，在 1965 年前，国务院统辖着 79 个工作机构。然而，削减也出现在这一时期。在 1960 年 7 月到 1961 年 9 月，中央政府削减了 16000 名公务员（15%），服务机构（事业单位）削减了 65000 名雇员（26%）。

从 1962 年 2 月到 1964 年，中央政府进一步削减了 10000 名公务员，全国范围的地方政府削减了 800000 名公务员。这种削减是对 1959~1961 年"三年困难时期"的回应。这一时期的艰难情况可以与资本主义世界 1929~1933 年经济大萧条的情况相比。作为结果，不仅政府雇员被削减，而且工厂工人都被裁减。从 1961 年早期到 1963 年 6 月，有大约 2000 万名工人被裁减。他们中的许多人被送到农村地区，失去了他们在城市的住所。

1966 年，"文化大革命"运动开始，国家机构的正常运转受到影响，很多政府机构陷入停滞状态。到 1970 年底，只有 32 个行政机构在国务院的统辖之下。实际上，国务院只领导 19 个行政机构。在 1975 年，周恩来提到中国将会在 20 世纪末实现四个现代化（工业、农业、科技和国防）。与此同时，中央政府决定邓小平主管国务院工作，反映了对经济发展的强调。到 1975 年，部级单位的数量增至 52 个。

## （二）后毛泽东时代的最近四轮行政改革

### 1. 第四轮行政改革（1977~1987 年）

1976 年"四人帮"的垮台和"文化大革命"的结束，对行政改革就有了深厚的政治和经济逻辑支撑。为了矫正十年动乱所产生的问题，很自然需要增加机构和人员来处理许多紧急的事务。在 1978 年 12 月，中国共产党第十一届三中全会召开，决定了中国全面"改革开放"的伟大政策。这是工作重点从先前阶级斗争转移到当前经济发展的标志。

1977~1981 年，国务院恢复并创建了 48 个行政机构。这样，到 1981 年底，总共有 100 个行政机构在国务院领导之下。中央政府的行政人员也增加到 51000 人。从 1978 年开始，许多先前被转交给地方政府的国有企业又被中央政府召回。附属于中央政府的国有企业和事业单位从 1978 年的 1260 个增加到 1981 年的 2680 个。相应地，财政管理、税收权以及原材料部门也被中央政府吸纳。

在这一时期的行政系统有几个显著的特征：第一，行政机构的数量急剧增长。

第二，政府雇员的年龄较大。第三，机构的重叠成为一个显著现象。比如说，有一个农业部、一个农业开垦部和一个农业机械部。在所有这些部之上，有一个更高的层级，称作国家农业委员会。第四，副职级干部迅速增长。以冶金部为例，就有19个副部长。

在这种背景下，邓小平，这位在1978~1997年中国的实际领导者，表达了对进一步行政改革必要性的观点。一些观点摘录如下：

"现在，我们的经济管理工作，机构臃肿、层次重叠、手续繁杂、效率极低。政治的空谈往往淹没一切。这并不是哪一些同志的责任，责任在于我们过去没有及时提出改革"，"但现在各级领导班子岁数太大，精力不够……当然，组织路线方面还有其他的问题，如机关臃肿怎样解决、退休制度问题怎样解决等。庙只有那么大，菩萨只能要那么多，老的不退出来，新的进不去，这是很简单的道理。"

在1982年1月，邓小平进一步陈述了"精简机构是一场革命"的说法，他认为，"目前这样机构臃肿重叠、职责不清，许多人员不称职、不负责，工作缺乏精力、知识和效率的状况……这确是难以为继的状态，确实到了不能容忍的地步，人民不能容忍，我们党也不能容忍"。

紧跟着邓小平的讲话，第四次行政改革方案在1982年3月通过。改革的效果在三个层次上体现出来：中央政府、省政府和县政府。在中央层面上，行政机构从100个缩减至61个，政府雇员从51000人缩减至32000人。在省级层面，行政机构从50~60个缩减到30~40个，政府雇员也从180000人缩减到120000人。在县级层面，政府雇员削减了大约20%。部级领导的平均年龄从64岁降低到60岁，局级领导的平均年龄从58岁降低到54岁。除了以上的改变外，领导人接受教育的时间得以增长。所有这些反映了一种对干部要求革命化、专业化、知识化以及年轻化的特征。

然而，不久之后，扩张的动机再次显现了它的力量。行政机构扩张到65个，到1986年底这一数字又增至72个。这一局势预示着新一轮的行政改革。

2. 第五轮行政改革（1988~1992年）

1982年的行政改革将部级行政机构从原来的72个削减到65个。中央政府雇员也削减了9700人。然而，1982年改革的主要特征是政府职能的转变。国务院在1988年的改革方案有以下要求：有必要建立一种具有综合职能、合理结构、协调运营、灵活及高效的行政系统。党政分开、政企分开、政事分开也很重要。所以，改革的目标是：转变政府职能，削减机构和人员，增强行政效率，克服官僚作风以及加强政府机构的活力。即尽力创造条件来理顺政企关系和政府与群众组织的关系，理顺政府各部门之间的关系以及中央和地方政府之间的关系。

3. 第六轮行政改革（1993~1997年）

到1991年底，政府中和党的系统中公共雇员的数量达到了920万人的新高。政府的行政支出达到37亿元，加上事业单位支出的140亿元，两项总共占政府财政支出的37%。1993年开始了新一轮的行政改革，改革焦点是适应社会主义市场经济。强调的仍然是转变政府职能。完成这一目标的途径是将企业职能与政府职能分开。1993年改革将行政机构从86个削减到59个，将中央政府雇员从36700人精简到29200人。

在1994年，改革继续在以下三个方面推进：首先，将企业管理权从政府返回到企业；其次，将政府调整资源的基本功能转移到市场；最后，将社会服务功能和监督功能转换到市场中介组织。到1994年底，有130万个事业单位和2600万名事业单位员工。

4. 第七轮行政改革（1998~2002年）

在1998年3月，九届人大一次会议批准了国务院提出的机构改革方案。各部及委员会的数量从40个减少到29个。这次改革计划在政府雇员上进行了相当大的削减，目标是精简50%的政府雇员。国务院秘书长罗干提出了以下"原则"来指导中国的第七次行政改革：

（1）按照发展社会主义市场经济的要求，转变政府职能，实现政企分开。要把政府职能切实转变到宏观调控、社会管理和公共服务方面来，把生产经营的权力真正交给企业。

（2）按照精简、统一、效能的原则，调整政府组织结构，实行精兵简政。加强宏观经济调控部门，调整和减少专业经济部门，适当调整社会服务部门，加强执法监管部门，发展社会中介组织。

（3）按照权责一致的原则，调整政府部门的职责权限，明确划分部门之间的职能分工，相同或相近的职能交由同一个部门承担，克服多头管理、政出多门的弊端。

（4）按照依法治国、依法行政的要求，加强行政体系的法治建设。

第七次改革致力于转变政府职能。为厘清政企关系，国务院各部门划转出的职能有280多项，将属于企业、社会中介组织和地方政府的职能，交给了企业、社会中介组织和地方政府；其目的是为了在不同部门和组织之间进行清晰的职能划分；精简机构和人员以及加强法治，改革在这些领域都取得了成效。

## 四 全球化对中国行政改革的影响

在这一部分，笔者将进一步提炼和总结中国行政改革的特点，比较和对比中国与其他新公共管理国家和非新公共管理国家行政改革的相似之处，并且分析国际上对中国行政改革影响的路径。

### （一）毛泽东时代的行政改革（1949~1976年）

#### 1. 显著特征

在毛泽东时代（1949~1976年），我们可以看到精简与扩大中央政府机构和人员的情况呈现波动变化的局面。改革的目标是在中央与地方之间寻求一个合适的平衡点。然而，在中央与地方政府之间，精简与扩大这种摇摆不定的局面经常出现，从来就没有找到一个平衡点。在考察中国的行政改革时，蓝志勇正确地指出，中央与地方政府之间的关系不是干扰领导者的唯一因素，党政关系和政企关系也是关键因素。例如，董必武在中国共产党第八次代表大会上曾指出：党应当通过它的党员和组织来领导政府，党不能代替行政机关的工作。

早在1956年11月6日，一篇题为《给企业适当的自治权》就出现在《人民日报》上。中共八大的报告中也指出：政府机关太多地干预了企业的活动，严重地阻碍了企业的能动性和灵活性。这些问题再一次出现在后毛泽东时代（1976年后）的行政改革当中。

这一时期行政改革的一个显著特征就是自上而下的改革，政治领导人是决策者。尤其是政治权力集中在一个人手中。最高领导人毛泽东的命令被尊为绝对真理。正是在这一政治背景下，政府似乎以一种特殊的方式做出了分权与集权的决策。这些决定有时影响着许多人的命运。一个坏的决策对整个国家来说是致命的，比如"大跃进"运动对整个国家来说就是一场灾难。值得注意的是，中央与地方政府之间力量的此消彼长主要集中在谁掌握国有企业上。这是典型的指令性经济，政府控制着企业的各个方面以及全国的经济。在理论上，没有私营工业，这反映了典型的社会主义国家集体主义特征。

总之，毛泽东时代的改革一部分是对经济发展的回应，另一部分则是为了回应无产阶级专政下阶级斗争和继续革命的政治动力。在表面上，我们能够轻易地发现在每一层级上的政府机构和公共雇员中存在的"精简—膨胀—再精简—再膨胀"的怪圈现象。中国采用的斯大林模式要求最高政治领导人对国家政治、经济和社会发展做出高度集中化的决定。

为什么中国会采用斯大林模式而不是其他模式呢？在毛泽东时代，什么样的全球化力量影响了中国的走向？为了解决这些问题，我们不得不去审视当时的国际环境和中国的外交政策。

2."冷战"时期的中国

从1949年新中国成立以后，毛泽东就致力于打破两极体系，使得中国成为一个独立而重要的战略力量。在毛泽东时代，中国外交关系战略的重点在苏联和美国之间摆动：20世纪50年代的"一边倒"战略，20世纪60年代的"两个拳头打人"战略和20世纪70年代的"一条线"战略。

"一边倒"战略在1949年9月的《中国人民政治协商会议共同纲领》中提出，体现在1950年的《中苏友好同盟互助协议》中。中国与苏联合作共同反对美国，这样在"冷战"时期中国作为社会主义同盟中的一个关键成员来抵抗资本主义阵营。"当然'一边倒'是建筑在独立自主、平等互利基础之上的，绝不是倒向苏联的怀抱"。"一边倒"是一种生存的战略，能够保证中国的安全、主权和独立。

到20世纪50年代，赫鲁晓夫与美国合作来控制世界，并对中国的主权提出了许多不合理的要求。莫斯科在政治、经济和军事上采取了许多步骤来威胁中国。虽然美国欢迎中苏的分裂，但华盛顿还是要继续孤立中国。后者成为美国在第二次世界大战以后所遵循的"遏制"战略。

在这种不利的国际环境下，在20世纪60年代，中国采取了反帝国主义（美国）和反修正主义（苏联）的国际联合战线战略，这就是"两个拳头打人"战略，"两条线"战略，或者说是"世界革命"战略。

就中苏关系的恶化来说，特别是在1969年中苏边境上的武装冲突，中国领导人已经意识到中国最大的威胁来自苏联，中国的生存处于危险之中。

在中国寻找盟友来阻止苏联的过程中，中国最佳的选择显然是美国。在1972年2月，尼克松总统访华，显示了中国和美国之间的合作机会。毛泽东解释了他的"一条线"战略（1973年）："我跟一个外国朋友说过，我说要搞一条横线，就是纬度，美国、日本、中国、巴基斯坦、伊朗、土耳其、欧洲。"这一战略的实质就是要联合所有可能联合的力量，包括美国，来与苏联霸权主义做斗争。"一条线"战略一直持续到1983年。

大体上说，中国治理受到斯大林指令式经济的极大影响，而在这一模式中，市场力量扮演着微不足道的角色。至于行政改革，没有来自国外的力量。中国经济在毛泽东时代是一个非常封闭的模式。中国在20世纪50年代除了从兄弟友盟苏联和社会主义阵营那里学习外，很少从外面学习。在这一时期，中国与社会主义国家的互动也并没有对中国的行政改革施加任何动力和压力。这样，毛泽东时代的行政改革在原因、途径、内容以及影响上完全是内部的事务。

## （二）后毛泽东时代的行政改革（1977~2002年）

### 1.显著特征

显而易见，在后毛泽东时代，政府机构和人员"精简—膨胀—再精简—再膨胀"的怪圈不断重复出现。然而，这也不是对以前改革的简单复制。比如，就调整中央与地方政府的关系来说，在毛泽东时代，是在集权与分权之间摇摆，从而找到一个便于内部管理的最佳点；而在后毛泽东时代，中央与地方关系的这种调整反映了更多的分权倾向，地方政府在分权中受益，这种现象称作"更多地满足地方"（playing to the provinces）。如果中国政府希望继续以此来激发地方政府在经济发展中的活力和创造力，那么这种分权的趋势是不可逆转的。在通往市场经济的道路上，更多的权力从中央下放到地方政府，从政府下放到企业当中。尽管在官僚机构中存在向企业"放权"的抵制以及"进两步退一步"的现象，但总体的趋势有利于分权化。

后毛泽东时代的改革并不是毛泽东式改革的简单重复。表面上看来，在精简机构和人员方面似乎有着相似之处。但细查之下，以市场为导向的经济不仅正在改变中央与地方政府的关系、政府和企业的关系，而且还是一种调节政府和社会关系、政党关系的驱动性力量。从这个角度来讲，中国的行政改革必然会在一条单行道上走下去。

这一时期行政改革的显著特征至少还包含以下几个方面：①转变政府职能到宏观调控、社会管理和公共服务上来，将生产和运营权归还给企业；②调节权责界限，厘清不同政府部门的界限；③加强法治；④将企业功能与政府功能分开；⑤在中央与地方政府财政关系上的分权与集权趋势；⑥构建一个公开而透明的政府；⑦强调草根民主参与。

### 2.政策转移的可能路径

我们可以肯定地说毛泽东时代的行政改革在很大程度上是一次在相对封闭社会中的改革，因为整个改革是在指令性经济下全国范围内的阶级斗争。后毛泽东时代与毛泽东时代的行政改革的不同点在于，国家推行了开放政策并且逐步地建立了市场经济。

外界社会的新思维模式和新治理方式渗透到了后毛泽东时代的行政改革当中。比如，当中国考虑建立现代化的公务员制度时，政府与联合国共同举办了一个会议，并且赞助了许多与会者来学习西方社会的经验。在公共管理领域，在1988年成立了中国行政管理学会，它是一个半官方的社团组织，1994 年又成立了国家行政学院，专门培训国家高层官员。许多学术杂志也纷纷成立了及时反映世界范围的理论发展和公共行政的实践。

一个很好的例证就是 2001 年中国引入了 MPA 项目，在某些方面反映了美国模式。开始时，在中国有 24 个 MPA 项目，分别在 2001 年和 2002 年招收了 3000 多名学生。现在国内共有 100 个 MPA 项目。

尽管我们很难找到有关西方公共管理理念怎样影响中国行政改革的详细资料，但是影响是毋庸置疑的。奥斯本和盖布勒（Osborne and Gaebler）的畅销书《改革政府：企业家精神如何改革着公共部门》（1992）在出版后很快就被译成了中文；休斯的《公共管理导论》（1994）一书的中文译本也很快成了畅销书，还有上百本公共行政领域的国外学术著作被译成了中文。去西方国家访问、学者交换项目、国际会议、工作会议、研讨会、书和杂志的出版以及专题咨询报告等都有助于形成中国行政改革的理念。这种局面与前文提到的毛泽东时代形成了鲜明的对比，由于当时中国实行封闭政策，所以造成了知识转移与传播渠道的缺乏。我们认为后毛泽东时代的行政改革同时反映了中国的独特之处和西方新公共管理思潮的影响。

3. 中国与新公共管理国家行政改革的共同特征

中国与那些推行新公共管理的国家的行政改革具有相似性吗？张梦中和斯杰弗瑞·特劳思曼（Jeffrey Straussman）教授的研究给我们提供了一个初步的答案（见表 1）。

表 1　日本、英国、美国和中国行政改革的相似特征

| A. 现象 | 1. 贬责官僚 |
|---|---|
| B. 原因 | 2. 经济上的考虑 |
| | 3. 重建对政府的信任和信心 |
| | 4. 上层政治领导人的支持 |
| C. 内容 | 5. 精简机构和人员 |
| | 6. 将政府职能和权力下放到低一级的政府当中 |
| | 7. 私有化 |
| | 8. 市场导向 |
| | 9. 契约外包 |
| | 10. 最小化国家导向 |
| | 11. 提升行政程序的透明度 |
| | 12. 改善公共服务 |

资料来源：Zhang Mengzhong, Jeffrey Straussman. Chinese Administrative Reforms with British, American and Japanese Characteristics [J]. *Public Administration and Policy*, 2003, 12（2）.

贬责官僚是以上四个国家共有的现象。在英国，撒切尔执政期间这个现象非常突出。玛格丽特·撒切尔（Margaret Thatcher）采取了反国家主义（Anti-Statism）的

立场，对传统的官僚制非常不满。从这一点来看，英国的行政改革大体可以看作是新公共管理运动的基准点。在美国，出于政治利益上的考虑，里根和克林顿都采纳了这一战略。唐纳德·里根对官僚制也很反感，他认为"在这次危机中，政府不是解决问题的，政府本身就是问题"。在日本，尽管人们对官僚制比较推崇，但是20世纪90年代的一份调查显示，几乎一半的被调查者不相信官僚机构。在中国，官僚机构被认为是没有效率的和不负责任的。腐败问题从20世纪80年代到90年代，一直蔓延到21世纪。

尽管20世纪70年代的经济下滑被看作是英国、美国、日本行政改革的主要推力，但中国的情况不同。中国经济是在20世纪70年代贫穷落后的基础上发展起来的，20世纪80年代经济开始飞速发展，一直延续到21世纪。经济发展的快速步伐需要相应的行政体制来进一步支持经济的发展。这种情形就需要改变传统的组织结构、行政手段、行政职能和观念。因此，为了配合经济改革和发展，迫切需要行政改革，经济发展对行政改革的压力在过去的20多年里是很大的。

在以上列出的国家中，政府被认为是机构臃肿的、无效率的、无成效的和没有回应性的。因此，重构对政府的信任和信心是促使这些国家的政府推行改革的重要原因之一。为了重新夺回民众对政府的信任，为了重建治理的合法性，高层政治领导人（中国的毛泽东、邓小平和江泽民，英国的撒切尔和布莱尔，美国的里根和克林顿，以及日本的很多首相）都在某种程度上支持行政改革。

在近20年来改革的实践中，这四个国家（中国、英国、美国和日本）都在不同程度上推行了精简政府机构和人员的举措。在"分权"的名义下，日本、英国和美国更多地集中于对第一线管理者的授权，让他们更好地管理。这一措施与中国不同，中国政府更多地集中于对低一层政府的分权，并且把政府的经济管理职能下放给企业。

细心的观察者可能会注意到同样的字眼会有细微的差别。比如，日本、英国和美国的私有化发生在私营资本主导的经济社会中。因此，发达国家的私有化是使国家经营企业的私有化。而在中国，私营经济在毛泽东时代（1949~1976年）是几乎不存在的。因此，后毛泽东时代的改革专注于刺激私营部门的发展，同时将国有企业私营化。

尽管日本、英国和美国采纳了更加市场导向的方式进行改革，但中国的市场导向改革在20世纪90年代才逐渐开始。在新公共管理国家经常采用的契约外包的方式，即把政府的某些服务让私营部门和非营利部门来承担，在中国并没有成为主流，但这种做法还是存在的。

最小化国家导向在这些国家中达成了共识，以此来建立有效率的、有成效的政府形象。在日本、英国和美国，这一理念引导着它们削减政府公共支出。在中国，重点放在精简政府机构和人员上。具有讽刺意义的是，1994年以来政府开支对比GDP呈逐年稳步增加的趋势。

建立一个透明的政府是这四个国家的共同目标。在英国，公民宪章运动被梅杰首相称为"20世纪90年代政府改革的核心内容"。公民宪章要求所有与公共服务相关的信息必须公开、透明，包括服务的内容和经营状况、专门服务的成本和支出、管理机构和运营机构、经营标准和质量的信息。在美国，国家绩效评估也提出了相似的重塑政府运动的要求。日本"二战"后的行政史可以归纳为反复地控制政府的扩大、发展财政保守主义政策、放松规制，使得公务员系统更加透明和负责任。在中国，也有许多改革的举措使政府更加透明，比如近年来听证制度的建立就是一个例证。

尽管促进公共服务是所有这几个国家行政改革的一种泛称，但是这一特征在中国更明显。近年来，成都、重庆、南京和广州市政府成为建设服务型政府的引领者。公共服务不再是一句空话，而是服务公众（包括个人和组织）的一个具体的行动，尤其是对企业的"一站式服务"体现了公共服务的具体措施。

4. 中国与非新公共管理国家行政改革的共同特征

在论述中国行政改革的新公共管理时，笔者并不是说其他国家的改革就不带有新公共管理的特征。恰恰相反，莱姆（J. T. Lam）指出，全世界国家的行政改革都带有新公共管理的某些特征。他认为，新公共管理运动不仅仅局限于发达国家，如英国、新西兰、澳大利亚和加拿大，也存在于亚洲、拉丁美洲和非洲的处于发展中的和转型中的社会里。像新加坡、马来西亚、印度、菲律宾、加纳、马耳他等国都引入了新公共管理的理念和实践。

哈佛肯尼迪政府学院的教授埃雷·卡玛可（Elaine Kmarck），曾经是美国国家绩效评估委员会的顾问，最近她在考察了世界各国的政府创新后总结出了政府改革的六个共同点。它们分别是：花费更少的政府、高质量的政府、专业政府、数字政府、更好管制的政府以及诚实和透明的政府。中国的改革也具有这些特点。

由于全世界的国家都在尝试缩减政府成本以刺激经济发展并吸引更多的外国投资，公共部门已经诉诸各种形式的预算创新。在中国的每一轮行政改革中，政府都在做出努力来精简政府机构和人员，从而减少行政花费。在最近20年中，中国建立小政府的动机比较强。

在一个改革的时代，每个国家都在尝试建立高质量的政府。虽然"质量"有很多含义，但改革者们还是认为"质量"是一种尝试改善服务供给的改革。借用了起源于英国的"公民宪章"观念，烟台市的一个政府部门领导人在1994年引用了一种开创性的新体系——称作"服务承诺制"——来使它的机构在提供服务上做得更好。在1999年，中国海关机构与美国海关机构合作启动了上海示范通关点项目。这一项目给予上海海关在一周7天、一天24小时内处理通关事宜的能力。它成为海关现代化的一个典范。在2002年，成都市政府在三个政府机构中开展了"规范化服务型政府"建设，但如今已经拓展到这个城市的所有政府机构当中。在同一时期，重庆、南京以及广州市政府也都采取了相似的措施来建设"服务型政府"。在中国，为更好地服务于合资企业，行政管理服务中心或"一站式服务站"这样的机构在2000年左右如雨后春笋般不断建立。现在，全国有成百上千个这样的"一站式服务站"。

至于专业政府，中国在1993年8月14日施行《国家公务员暂行条例》，开启了当代公务员体系的时代。《中国公务员法》在2005年4月27日第十届全国人民代表大会上通过。这一法律的颁布是中国走向专业政府的象征。从2001年起，中国首次启动了MPA项目，现在有100个这种项目。除此以外，中国在国家、省以及市级层面还建立了行政学校体系。在国家层面，中国浦东干部学院、中国井冈山干部学院以及中国延安干部学院开始从2005年招收学员。许多中国的公共雇员被送往海外（美国、加拿大、新加坡等）参加高级培训。这些措施只是在中国建立专业政府的诸多努力之一。

对数字政府建设来说，中国并不落后。在这方面最早的努力可以追溯到1985年。那时，中国政府开始了致力于政府信息化的"国内计划"。到2001年1月，以"gov.cn"为后缀的域名总量已经达到4722个。从1993年起，中国政府尝试建立一系列"金"工程，即金桥（致力于经济信息交流）工程、金关工程、金卡工程、金智工程等。建立数字政府的努力沿着两条线进行：一条线是垂直线，这是一条自上而下的促进政府在线职能（比如财政、税收、民事、海关）的途径；另一条线是水平线，致力于促进跨区域合作，比如"数字北京"和"数字上海"。

虽然许多发达国家正在解除管制来为企业家提供动力并减少腐败的机会，但发展中国家正朝向更多和更好的管制。在中国，主要趋势是为相关领域制定更多规则。最近《中国公务员法》的颁布就是一个例子。由于中国正从计划经济转变为市场经济，所以有必要建立许多法律法规。与经济发展相平行，中国在过去的几十年中一直加强从人治到法治的转变。因此，解除管制并不是中国的主流。这并不是说在中国解除管制不曾发生过。例如，2002年，国务院取消了789个行政审批事项并相应地对相关行政机构的职能调整产生影响。

建立一个诚实而透明的政府并不容易，但并非不可能。在长沙市，政务公开在20世纪80年代开始启动并一直到1996年，长沙市政府和市委共同决定在全市范围内扩大政府事务公开体系。这一创新使得政府重新赢得了公众信任。在贵州省，贵阳市向公众开放人民代表大会常务委员会，并给公众参加和公民参与的机会，基于此，贵阳市在2002年赢得了中国地方政府创新奖。事实上，中国的许多地方政府采取了相似的行动来使它们的治理更加公开和透明。

通过上述的比较和分析，我们可以很确定地说全球化的力量正在发挥作用。在后毛泽东时代（1977年以后），中国很难与外部影响绝缘。在行政改革领域，中国与其他新公共管理或非新公共管理国家具有一些共同的特征。

## 五　中国行政改革的独特之处

从上一节中，我们看到中国的行政改革与其他国家具有很多的相似之处。那么，对中国来说有什么独特之处吗？

我们已经知道，毛泽东时代的行政改革表现出一种"膨胀—精简—再膨胀—再精简"的恶性循环，反映了一种集权化与分权化的摇摆。当行政力量集权化后，中央政府掌管了太多的企业并直接参与到工业产品的计划、生产、循环以及消费的微观管理过程中。当这一情况发生时，中央政府膨胀起来并且地方政府也缺乏经济发展的主动性。另外，当分权化开始施行，许多先前依附于中央政府的企业现在变成了地方政府的地盘。这样，中央政府就会主动收回失去的权力。与西方发达国家相比，这种集中化和分权化的交替出现是中国行政改革的独特之处。

在后毛泽东时代，中国行政改革对几对关系的调整在其他国家，尤其是那些发达国家看来是陌生的。第一条途径是对党政关系的调整。在传统意义上，政府和党被公众认为是同一个整合的实体，因为它们有互相重叠的职能，并且它们往往由相同的人员为两个单位工作。甚至时至今日，在某些境况下，一套人员系统肩负着两个使命。比方说，一套人员系统同时服务于地方行政学院和地方党校，而这两个学校位于同一个地点，并且也是同一套师资力量。改革的方向是要将党的职能与政府的职能分开。第二条途径是将企业的职能与政府的职能分开。政府应当关注宏观管理、协调和控制，而企业应当负责自己产品和服务的规划、生产、循环和销售。这样，政府和企业都有各自不同的工作领域，政府不应当干涉企业的事务。过去20年的改革大致上调整了政企关系。然而，政府还是会偶尔干涉企业事务。在这个意义上，政府职能转变还有很长的一段路要走。第三条途径是调整政府与社会中介组织的关系。在过去，政府掌管着所有的社会事务。现在，人们逐渐意识到一个强有力的非营利性部门是发展市民社会的要求。第四条途径是对政府和个人关系的调整。

在传统意义上，中国政府在个人生活中扮演着如此重要的角色以至于影响到个人的私人生活。现在，人们意识到，必须在政府和公民之间设立界限，个人自由、自主以及隐私应当得到保护。简而言之，人权得到更多的尊重。虽然其他一些国家也许有相似的关系调整，但这些关系的调整对后毛泽东时代的中国社会来说是至关重要的。

最近20年行政改革的一个焦点就是转变政府职能，也就是对政企关系的调整。这是中国政府一直以来的改革目标和方向。

如前所述，中国已经走上了加强法治和颁布更多相关专业立法的道路。这一特点也许与许多发达国家形成鲜明的对比，这些国家将注意力投入解除立法当中。然而，对许多发展中国家来说，更好管制的政府才是它们的目标。

在发达国家中，不难找到一个负责改革行动的机构。比方说，在美国，我们知道格雷斯委员会（Grace Commission）负责里根行政改革的具体设计，而"国家绩效评估"（National Performance Review）是在克林顿时期重塑政府运动的领导力量。在英国，"效率小组"（Efficiency Unit）负责实施新公共管理改革。相比之下，在中国要确定哪些机构负责行政改革就如同走进了一个迷宫。尽管我们知道国务院提出了改革方案，但我们并不知道是谁准备了这些方案。

具有讽刺意味的是，中国一方面在大踏步走向法治，另一方面，每一轮的行政改革都没有伴随的法律以确保改革的实施。实际上，只有行政命令来指导改革。这样，在大多数情况下，改革缺乏绩效评估和奖惩的对应机制。我们并不奇怪改革的结果经常没有实现预定的目标。比方说，第七次行政改革目标是要削减50%的公务员。有一些关于中央和省级政府精简机构的报道，但我们并不清楚在市、县以及镇级政府中到底有多少公共雇员被实际削减，而这些地方恰恰是大多数公共雇员集中的地方。最终，没有人知道在全国范围内有多少人被削减。

在中国，对每次行政改革来说没有预算的限制。这样，政府没有动力去减少他们的人员以及相关的权力、权威和声望，这就导致了行政改革的失败。

虽然从私人部门借用观念和技术是许多新公共管理改革的典型战略，但在中国，改革者们对这种做法还是很陌生的。在中国，政府已经逐渐认识到服务大众以及实现高效工作的重要性。然而，在前七轮的每一次行政改革中，顾客导向和绩效导向的特点并没有呈现出来。

## 六　结论以及未来的前景

从以上的讨论中，我们观察到中国行政改革与新公共管理类型的改革在现象、原因以及内容上具有许多共同的特征。至少在以下八个领域当中，中国行政改革与其他推行新公共管理运动的国家具有相似的特征：精简政府机构和人员；将政府职能和权力下放到低一级的政府当中；私有化；市场导向；契约外包（Contracting-out）；最小化国家导向；提升治理的透明性；改进公共服务。与非典型性新公共管理运动国家相比，卡玛可所认为的政府改革的六个普遍组成部分也是中国改革的特点：花费更少的政府、高质量的政府、专业政府、数字政府、更好管制的政府以及诚实和透明的政府。

我们必须要用相对的态度来理解中国行政改革的那些"独特"之处。毛泽东时代"膨胀—精简—再膨胀—再精简"的怪圈反映了内部管理的需求，而全球化的力量在这一时期与中国的改革不甚相关。在后毛泽东时代，怪圈重复出现，但这并不是一种简单的复制，因为有其他因素的介入。政府职能的转变对中国改革来说是至关重要的，对几对关系的调整也对我们理解最近中国治理的变化非常关键。从人治到法治是中国社会大踏步走向现代化中的核心特征。对中国行政改革领域来说，未来的重点应当放到针对每个具体的改革措施来颁布相关的法律和法规上。严格的预算限制有必要作为一种机制来确保每个政府机构的改革成效。政府机构的绩效评估是行政改革的一种有效手段。最终，最重要的问题是改革的目的。在这一方面，未来的改革应当关注顾客导向。有一些令人鼓舞的征兆显示，中国的改革者们已经逐渐从强调"为人民服务"这个抽象概念转向带有详细标准和步骤的服务型政府的具体建设上。

行政改革一直被变迁的社会所塑造并将塑造变迁的社会。在过去26年中，中国经济的年平均增长率是9.5％。这一成就相比于"亚洲四小龙"（韩国、中国香港、中国台湾和新加坡）来说是一个奇迹。假设中国能够维持8％的年增长率，那么中国的人均国民生产总值将会在2031年达到目前美国的水平——38000美元。中国未来道路的前景是什么呢？原中国国务院发展研究中心主任王梦奎先生提供了一些线索，根据他的理解，在未来5~15年，中国将会走上工业化、城市化、市场化以及国际化的道路。在这一时期，中国需要掌握社会经济发展的大趋势，坚定地采取一些伟大的政策措施。王先生提出了四个需要关注的问题：第一，怎样转变经济增长的方式？第二，怎样结合城市化与"农业、农民以及农村发展"？第三，集中解决社会问题，实现经济和社会的和谐发展。第四，增强对外开放的水平，并在更大的领域和更高的层次上参与国际合作和竞争。这些问题的实质是工业化（工业化道路的新模式）、城市化（带有中国特点）、市场化（补充社会主义市场经济体制）以及国际化（融合到世界经济和商业系统中），还有实现社会稳定和经济增长的协调发展。

中国治理的未来前景就存在于一种广阔的政治、社会、历史性经济和文化的背景中。国内和国际力量在一般意义上都将会对中国公共部门管理产生巨大影响，也会对政府改革和创新产生具体影响。随着中国在 2001 年进入 WTO，中国至少在以下几个方面面临着严重挑战：政府体系、法律体系、思想倾向和意识形态、公务员、市场体系以及工业体系。目前，许多中国的地方政府流行构建"服务型政府"。"服务型政府"不仅能够更好地服务于人民和各种组织，而且还有责任建构一个更加敏锐、负责、合法、公正以及合理的政府。李军鹏认为一个服务型政府同时也是一个公共的、有限的、法治的、负责的、具有企业家精神和数字的政府。一个必要的手段就是绩效评估和管理。

虽然没有人能够准确预测中国行政改革在未来的特点，但很肯定的是国内和国际力量都会在这一进程中发挥重要作用。尽管中国改革在早期是从一种与其他西方国家极端不同的起点出发（相对不发达、中央计划等），在长期来看，中国的治理将会有更多全球化特征而不是地方特点。换句话说，在中国的行政改革领域，汇聚的趋势要比离散的趋势更加强大。

**参考文献**

［1］Bissessar，Ann Marie. *Policy Transfer，New Public Management and Globalization：Mexico and the Caribbean* ［M］. Publisher：Rowman & Littlefield，2002.

［2］Boston，Jonathan. *Public Management：The New Zealand Model* ［M］. Oxford University Press，1996.

［3］Breul，Jonathan. *Borrowing Experiences from Other Countries* ［M］// Glyn Davis and Patrick Weller. New Ideas，Better Government，Brisbane，Australia：Allen and Unwin，1996.

［4］Burns J. P. Public Sector Reform and the State：The Case of China ［J］. *Public Administration Quarterly*，2001，24（4）.

［5］Carter Luther F. *Public Personnel Administration in the 20*[th] *Century* ［M］// Rabin，Jack. W. Bartley Hildreth and Gerald J. Miller. *Handbook of Pubic Administration*. New York：Marcel Dekker，Inc，1998.

［6］Collier David，Richard Messick. *Prerequisites vs. Diffusion* ［M］// Glyn Davis and Patrick Weller. *New Ideas，Better Government*. Brisbane，Australia：Allen and Unwin，1975.

［7］ Common，Richard. *Public Management & Policy Transfer in Southeast Asia*［M］. Ashgate Publishing Company，2000.

［8］ Cope Stephen，Frank Leishman and Peter Starie. Globalization，New Public Management and the Enabling State：Futures of Police Management［J］. *International Journal of Public Sector Management*，1997，10（6）.

［9］ Dolowitz David P.，Rob Hulme，Mike Nellis，Fiona O'Neill and Fiona O'Neal. *Policy Transfer and British Social Policy：Learning from the USA*［M］. Open University Press，1999.

［10］ Farazmand Ali. Globalization and Public Administration［J］. *Public Administration Review*，1999，56（6）.

［11］ Foster Kenneth W. Chinese Public Policy Innovation and the Diffusion of Innovations：An Initial Exploration［R］. Paper prepared for presentation at the 2nd Sino-US International Conference on Public Administration，People's University，Beijing，China，May 24-25，2004.

［12］ Greenwood J. and Wilson D. *Public Administration in Britain Today*［M］. London：Unwin Hyman，1989.

［13］ Haas Peter M. Do Regimes Matter？ Epistemic Communities and Mediterranean Pollution Control［J］. *International Organization*，1989，3（3）.

［14］ Hood，Christopher. A Public Management for All Season？［J］. *Public Administration*，1991，69（1）.

［15］ http：//news.creaders.net/headline/newsPool/11A237493.html，accessed on 12 April 2005.

［16］ http：//news.yam.com/cna/china/200505/20050527183752.html，accessed on 28 May 2005.

［17］ Hughes Owen. E. *New Public Management*［M］// Shafritz J. M. *International Encyclopedia of Public Policy and Administration*. Boulder：Westview Press，1998.

［18］ Kamarick，Elaine. Government Innovation Around the World，Faculty Research Working Papers Series［R］. John F. Kenney School of Government，Harvard University，2004.

［19］ Lam J. T.M. Transformation from Public Administration to Management：Success and Challenges of Public Sector Reform in Hong Kong［J］. *Public Productivity & management Review*，1997，20（4）.

［20］ Lan，Zhiyong. Understanding China's Administrative Reform［J］. *Public Administration Quarterly*，2001，24（4）.

［21］ Masser K. Public *Sector Administrative Reforms*［M］// Shafritz J. M. *International Encyclopedia of Public Policy and Administration*，Westview Press，1998.

［22］ Mossberger Karen and Harold Wolman. Policy Transfer as a Form of Prospective Policy Evaluation：Challenges and Recommendations［J］. *Public Administration Review*，2003，63.

［23］ Pempel T.J. *Policy and Politics in Japan：Creative Conservatism*［M］. Temple University Press，Philadelphia，1982.

［24］ Rose，Richard. What is Lesson-Drawing？［J］. *Journal of Public Policy*，1991，11（1）.

[25] Savoie D. J. *Thatcher*, *Reagon*, *Mulroney*: *in Search of A New Bureaucracy* [M]. Pittsburg and London: University of Pittsburgh Press, 1994.

[26] See Amin A., Gills B., Palan R. and Taylor P. Editorial: forum for Heterodox International Political Economy [J]. *Review of International Political Economy*, 1994, 1(1).

[27] See Dolowitz D.P. and Marsh D. Learning from Abroad: The Role of Policy Transfer in Contemporary Policy-Making [J]. *Governance*: *An International Journal of Policy and Administration*, 2000, 13 (1).

[28] See Lam, J. T.M. Transformation from public administration to management: Success and challenges of public sector reform in Hong Kong [J]. *Public Productivity & management Review*, 1997, 20 (4).

[29] See Straussman, Jeffrey D. and Mengzhong Zhang. Chinese Administrative Reform in International Perspective [J]. *International Journal of Public Sector Management*, 2001, 14 (4).

[30] Seely, Bruce E. Historical Patterns in the Scholarship of Technology Transfer [J]. *Comparative Technology and Society*, 2003, 1 (1).

[31] Solinger, D. J. *Despite Decentralization*: *Disadvantages*, *Dependence and Ongoing Central Power in the Inland-the Case of Wuhan* [M]. The China Quarterly, 1999.

[32] Terasawa K. L. and Gates W. R. Relationships Between Government Size and Economic Growth: Japan's Government Reforms and Evidence from OECD [J]. *International Public Management Journal*, 1998, 1 (2).

[33] Theen Rolf H. W. and Frank L. Wilson. *Comparative Politics*: *An Introduction to Seven Countries* [M]. Upper Saddle River, NJ: Prentice Hall, 1996.

[34] United Nations. *Beijing*, *Reforming Civil Service Systems for Development* [M]. New York: United Nations, 1985.

[35] Waltman Jerold L. *Copying Other Nation's Policies*: *Two American Case Studies* [M]. Cambridge. MA: Schenkman Publishing Co., 1980.

[36] Welch Susan and Kay Thompson. The Impact of Federal Incentives on State Policy Innovation [J]. *American Journal of Political Science*, 1980, 24 (4).

[37] Wolman, Harold. Understanding Cross-National Policy Transfers: The Case of Britain and the U.S. [J]. *Governance*: *An International Journal of Policy and Administration*, 1992, 5 (1).

[38] Zhang Chengfu and Mengzhong Zhang. *Public Administration and Administrative Reform in China for the 21ˢᵗ Century*: *from State-Center Governance to the Citizen-Center Governance* [M]. Genesis: A Caravan, Spring, 2005.

[39] Zhang, Mengzhong and Jeffrey Straussman. Chinese Administrative Reforms with British, American and Japanese Characteristics? [J]. *Public Administration and Policy*, 2003, 12 (2).

[40] Zhang, Mengzhong. Assessing the China's 1994 Fiscal Reform: An Intermediate Report [R]. the ABFM (Association of Budgeting and Financial Management) conference in Washington DC, 2003.

[41] Zhang Wankun Franklin. China's Foreign Relations Strategies Under Mao and Deng: A Systematic Comparative Analysis [R]. Dept. of Public and Social Administration, City University of Hong Kong, Working Paper Series, 1998.

[42] 邓小平. 邓小平文选 [M]. 北京：人民出版社，1994.

[43] 李军鹏. 公共服务型政府 [M]. 北京：北京大学出版社，2004.

[44] 刘智峰. 第七次革命：1998 中国政府机构改革备忘录 [M]. 北京：经济日报出版社，1998.

[45] 毛泽东. 毛泽东文集 [M]. 北京：人民出版社，1999.

[46] 木君. 重大的历史决策——论毛泽东打开中美关系的战略决策与策略思想 [M]// 裴坚章. 毛泽东外交思想研究. 北京：世界知识出版社，1994.

[47] 彭宗超，薛澜，阚珂. 听证制度：透明决策与公共治理 [M]. 北京：清华大学出版社，2004.

[48] 钱其琛. 学习毛泽东外交思想做好新时期外交工作 [M]// 裴坚章. 毛泽东外交思想研究. 北京：世界知识出版社，1994.

[49] 任晓. 中国行政改革 [M]. 杭州：浙江人民出版社，1998.

[50] 阮成发. WTO 与政府改革 [M]. 北京：经济日报出版社，2001.

[51] 宋德福. 中国政府管理与改革 [M]. 北京：中国法制出版社，2001.

[52] 吴爱明. 公共管理理论与实践 [M]. 太原：山西人民出版社，2004.

[53] 俞可平. 湖南省长沙市四级联动政务公开 [M]// 俞可平. 中国地方政府创新 2002. 北京：社会科学文献出版社，2002.

[54] 周大仁. 全球化与发展中国家公共行政改革 [J]. 党政干部论坛，2000，10.

[55] 周志忍. 当代国外行政改革比较研究 [M]. 北京：国家行政学院出版社，1999.

（中央财经大学　崔晶译）

# Public Administration in China: Globalization or Localization

ZHANG Mengzhong

**Abstract**: Most countries all over the world have implemented administrative reforms in one form or another since early 1960s, and during this time, a number of formerly colonial countries attained independence. As different countries were in different historical, political, social, and economic stages, their reforms bore distinct features in terms of causes, purposes, and approaches. Nevertheless, careful studies have found out that many of these administrative reforms share certain common traits. Although comparative study of public administration has its ebb and flow, it has never been a full-fledged academic discipline of learning. Less attention is paid to the aspect of administrative reforms in socialist countries in general, and to that of China in particular, by the mainstream public administration community. This article attempts to fill this gap in public administration literature by putting Chinese administrative reforms under the microscope of global government innovation in general and the New Public Management (NPM) movement in particular. The purpose is to identify the common traits shared by Chinese administrative reforms and those of NPM-labeled countries, as well as distill distinct characteristics of Chinese administrative reforms.

**Key Words**: Chinese Administrative Reforms; New Public Management; Globalization; Localization; Common Features; Unique Characteristics.

# 水问题国情分析与水安全战略选择

陈敏建

（中国水利水电科学研究院，北京　100038）

**【摘　要】** 自然条件的差异以及各地区发展的不平衡使人—水—土矛盾突出。以水资源短缺与生态恶化为主要特征的中国水问题，充分认识我国水利的资源环境基础，把握我国水利发展的区域战略特性具有重要意义。本文提出水土资源组合区域学理论与方法，利用大量资料信息，用以进行复杂的水问题国情分析，研究区域水问题形成机制，分析特点与演变趋势，研究提出水资源利用极限，构成大国水利发展战略基础。在水问题国情分析基础上，深入剖析影响水利与国民经济发展全局的十大结构性矛盾关系。

**【关键词】** 水资源；水安全；水利发展

## 一　引　言

　　水问题是影响我国社会经济发展的基础性、全局性、战略性问题。我国区域性水问题产生的根本原因有两种：一是自然条件的差异，导致水资源与土地资源、能源的分布在空间上形成不均衡的特点，如气候较干旱、水资源短缺的西北、华北等地，土地资源、能源（如煤炭资源）丰富，水资源对农业发展、能源等基础的产业

---

[作者简介] 陈敏建，男，江西省九江市人。现任中国水利水电科学研究院副总工程师，教授、博士生导师。

开发制约明显。二是我国经济社会发展迅速但各地区发展不均衡，需要进行水问题的国情分析。

我国经济社会发展的地区不平衡性，尤其是巨大的人口压力，使人—水—土矛盾突出。以水资源短缺与生态恶化为主要特征的中国水问题，其复杂性和解决难度举世罕见，成为我国独特的国情，在世界各国没有先例，需要突出研究区域水问题。

以水土资源组合条件为基础，从生态学、社会学、经济学角度综合开展水问题国情分析，对于充分认识大国水利的资源环境基础，把握我国水利发展的区域战略特性，指导制定国家和区域的水利发展政策，都具有重大指标意义。

面对中国水问题国情，需要加以归纳，以及进行综合性的分析。为了准确地表达观点，在科学认识和研究方法上，建立一个分析问题的结构十分必要。有了一个简洁的结构，用以揭示和分析问题的本质，使复杂的问题从无序变为有序，找出基本规律。本文提出水土资源组合区域学理论与方法，利用大量资料信息，用以进行复杂的水问题国情分析，研究区域水问题形成机制，分析特点与演变趋势，研究提出水资源利用极限，构成大国水利发展战略基础。在水问题国情分析基础上，深入剖析影响水利与国民经济发展全局的十大结构性矛盾关系。

## 二 水问题国情分析

### （一）水土资源组合条件

#### 1. 水土资源的特点

自然资源是水利发展的基础条件。自然条件从量和质两个方面，不仅决定了水资源的禀赋和开发利用条件，而且决定了水旱灾害的自然属性及其对人类活动的敏感程度。水和土地是水利发展的基础资源，水土资源的丰裕程度和组合是影响水利发展的最根本的自然条件。

水和土地是人类生存与发展的必备资源，同时具备资源和环境的属性，使其成为社会经济发展的必要的资源条件和生态平衡的主要载体。这是水和土地所共有的区别于其他自然资源的特点。

水资源与土地资源的开发利用相互联系、相互依赖，共同构成了经济发展与生态保护的基础条件。一方面，土地资源的开发依赖于水资源的支撑，没有水，土地将失去利用价值；另一方面，土地灌溉是水资源利用的最主要部门，决定着水资源利用的总格局。

水资源与土地资源又有不同的特点。相对而言，水是动态资源，土地是静态资源。水的动态性主要表现在以下几个方面：可更新性，通过水循环获得更新；流动性，径流运动使流域内干支流、上下游水资源共享，通过调水措施可在区域间实现水资源调配。土地的静态性表现在：不可再生，不可移动。因此，在水土组合中，水资源常常处于活跃的主动一方，土地一般处于相对被动的一方。在不同的水土资源数量组合条件下，水土资源这些特点决定了区域经济发展的资源开发利用制约条件，从而决定了水利活动的基本特征，进而奠定了区域水利战略的基本格局。

2. 水土资源的生态与经济特性

水和土地是支持一个地区社会经济和生态环境的基础资源，其丰裕程度和组合条件决定了该地区社会经济发展和生态环境演变的基本格局。

水土资源之所以成为社会经济发展的基础资源，首先在于它是农业发展的最基本条件。农业生产是一种资源转化过程，其赖以发展的前提条件是必须具备日照、土壤、水三种自然资源。尤以水土资源的组合最为关键，决定了农业生产的基本格局。农业灌溉是水土资源综合开发的集中体现，耕地灌溉是食物生产的主要保障，而粮食生产是经济发展和社会稳定的基础。

水和土地作为农业生产的战略资源，奠定了农业发展的基础。农业作为区域经济的基础产业，影响产业布局和经济模式，进而影响水资源利用方式。水土资源的丰裕程度和组合条件，决定了农业生产，特别是粮食生产的基本格局。如中国 80% 的粮食产于灌溉农田，高度发达的美国，农业灌溉用水亦占总用水量的近 60%。因此水土资源及其组合条件决定了区域国民经济发展的基本图景。

水土资源的丰裕程度和组成分布决定了区域生态系统的特性和稳定程度。生态系统是生物群落连同其所在的地理环境所构成的能量、物质转化和循环系统，由四个基本组成部分：无机环境、绿色植物、动物、微生物。水是一切生命之源，土地提供了生命栖息场所。水和土地是支撑生态系统的载体和生态系统构成的基础物质。生态环境的稳定性很大程度上取决于自然界的水分条件。

3. 水土资源组合与区域发展

我国水土资源组合在空间上的分布极不均衡。平原面积过于集中地分布在淮河及其以北的广阔区域（占全国 87%），而水资源又过于集中地分布在基本上由山地、丘陵覆盖的长江及其以南的地区（占全国 81%）。我国水土资源组合条件表现出多样化的区域差异，决定了我国水利发展的区域战略特性。

水土资源组合严重失衡的地区，生态基础极其脆弱，农业开发受到极大制约，生态恶化与贫困是阻碍这些地区发展的主要问题。主要是西北内陆干旱区和西南地区，这些地区目前也正是我国经济发展落后的区域。

水土资源组合不均衡的地区，在人口增长和经济发展驱动下，出现城市化与农业争夺紧缺资源（水或者土地）的矛盾，造成严重的生态退化与水环境问题。主要是北方海河、黄河、淮河、辽河流域，水少地多；长江、珠江流域和东南沿海的广大地区，水资源丰富，但土地资源较少。

水土组合基本均衡的地区，面临的主要矛盾是经济开发与生态资源保护。水土资源长期开发改变了径流运动条件，导致水分充足的湿地或干涸，或失去空间，造成湿地大规模消退。主要是在东北松花江地区。

中国的水土资源组合条件原本就处于较差的状态，加之经常发生严重的干旱，使得我国长期处在缺水的威胁之中。20 世纪 70 年代末，我国经济发展进程加快，改革开放极大地促进了社会经济的发展，同时，水资源短缺的问题也迅速凸显。时至今日，由于自然条件的先天不足和社会经济快速发展的驱动，特别是庞大的人口压力，使得水危机日益加剧，已成为阻碍中国实行可持续发展的突出问题。

## (二) 中国水问题的区域特征

### 1. 水问题的影响因素及其作用

影响水问题的因素可以概括为自然条件、社会经济发展水平和环境状态三个相互作用和相互依赖的系统。

自然条件：包括所有的自然因素，如气候、地理、资源（水资源、土地资源、矿产资源）等。自然条件决定和影响水资源的形成和时空分布，水资源可以看作是各种自然因素综合作用的结果；影响产业布局和经济模式，进而影响水资源利用方式。其中以水土资源的组合最具影响力，决定了水资源利用的基本图景。

社会经济发展水平：包括所有的人文因素，如经济结构和发展水平、体制、法律、人口与受教育程度、生活水平、技术与管理水平等。社会经济发展水平对水资源开发利用的作用表现在以下几个方面：①经济结构影响水资源利用方式；②人口与经济增长影响水需求；③对水环境的污染造成供水紧张；④兴建水利工程对水资源时空分布施加影响；⑤体制、技术与管理水平影响上述各类因素的作用程度。

环境状态：水是一切生命之源，生态环境的稳定性很大程度上取决于自然界的水资源条件。自然资源的开发与社会经济的发展引起生态环境的改变，这种改变主要与水资源利用有关。环境状态既是自然条件的表征，其变化又是社会经济发展水平的度量，在大多数情况下是水资源利用的制约因素。有些地区，生态恶化导致的灾难性后果远远超过环境意义，成为影响社会安定的因素。

2. 水资源利用"零增长"形成机制

水资源利用受自然资源、社会经济发展水平和生态环境变化等条件的驱动和制约，用水量最终会趋近于一个稳定的"零增长"状态，达到"极限"。由于存在明显的区域差异，各区域导致用水"零增长"的主要因素有所不同，出现过程和时间也有很大差别（见图1）。在发展的初级阶段，由于经济发展特别是农业开发的驱动，用水粗放，此时农田盐渍化是最主要的生态问题。随着水资源开发利用强度增大，开始出现资源短缺与环境恶化的制约，不同水土资源组合条件的地区水危机出现过程和形态有很大差别，出现用水"零增长"的机制也有很大不同。

伴随着社会经济发展，在土地资源丰富、灌溉发达而水量不匹配的地区最早出现缺水。灌溉用水的增大导致河川径流量减少，工业和城市的发展同农业激烈争夺水资源，也迅速污染了水环境。地表径流的减少和污染使得地下水开采规模不断扩大，导致地下水位下降，地下径流对河岸调节补给功能丧失，河川经常断流甚至干涸；污染物充斥河道，通过降雨和地表水体的入渗补给，地下水也受到污染；入海水量减少导致河口淤积；地下水超采造成地面沉降、海（咸）水入侵、土地沙化等更多也更严重的生态问题。此时水资源利用已超过极限。

在水量丰沛、可耕地较少的地区，当可开发灌溉的土地资源用尽时，离用水极限也不远了。这是基于如下原因做出的判断。其一，国民经济各部门的生产性质决定了用水方式不同，由于农业灌溉的目的是维持作物生长的需求，无论是单位用水量，还是用水总量都远高于其他部门。其二，用水后果不同，农业灌溉用水一部分被作物吸收消耗，剩余部分回归到自然水体，一般来讲，水质没有因此发生显著改变；而工业用水除了少量被产品携带消耗（食品饮料业除外），大部分以废污水的形式排出，污染水环境。而从社会经济总体结构来讲，处理废污水的费用来自GDP，

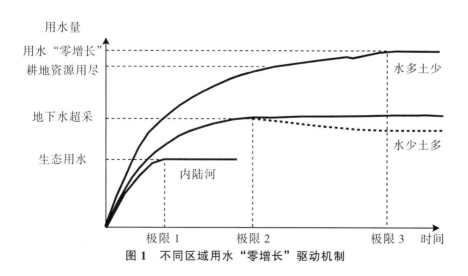

图1 不同区域用水"零增长"驱动机制

用于治理水环境的费用越高，GDP 的实际经济效益越低，当治理生态环境的费用高于一定比例时，GDP 将难以承受。因此，处理废污水的能力是有限的，必然迫使工业生产不断降低单位用水量，转向"干生产"和清洁生产，现代科技进步正在不断推进这种趋势。

在干旱的内陆河地区，水资源利用一开始就面临着环境与生态问题，后者影响到居民本身的生存，其用水极限是比较明显的。

3. 区域水问题的综合分析方法

影响水问题的各类因素具有区域规律。我国地形自西向东地理梯度递减，呈三级梯级结构，生态基础由弱渐强，与此相应，经济发展水平由低向高递增，亦呈东、中、西三级带状分布；降水量、径流量自北向南递增，土地资源自北向南递减，经济发展程度南高于北。需要运用定量与定性手段，同时研究自然资源、社会经济、生态环境等各种信息及其综合效应在区域上的异同。

利用上述信息设置评价指标，将其分为可比性指标和分布性指标。可比性指标反映各种事件或问题的性质、水平和程度，同类指标在地区间是不可加的，利用可比性指标计算相似系数来定量评价区域差异。分布性指标表示事物的规模、范围、容量，具有可加性，全国的量等于各区域量之和，利用分布性指标对区域特征进一步研究。

为了建立一个较严密的水问题定量分析模式，将可比性指标组成水问题区域特征向量，通过研究特征向量的相互关系，分析区域水问题特征，从而建立水问题空间分析结构，作为国情分析平台。

特征向量相互关系的量化是建立空间量化结构的关键。特征向量相似关系是表达区域水问题特性的理想指标，相似系数作为区域特性的度量，具有数量的确定性和客观性。因此，可通过分析相似系数矩阵，研究水问题区域特征。

设有 N 个研究主体（区域），其特性由 M 个可比性指标组成水问题区域特征向量 $X = (X_{11}, X_{12}, \cdots, X_{1M})$ 所定，将信息资料写成 $N \times M$ 的矩阵 A：

$$
\begin{bmatrix}
X_{11} & X_{12} & \cdots & X_{1M} \\
X_{21} & X_{22} & & X_{2M} \\
\cdots & \cdots & \ddots & \cdots \\
X_{N1} & X_{N2} & \cdots & X_{NM}
\end{bmatrix}
\tag{1}
$$

第 i 个区域和第 j 个区域的相似程度用矩阵 A 的第 i 行和第 j 行的相似系数 $S_{ij}$ 表示：

$$
S_{ij} = \frac{\sum_K X_{iK} X_{jK}}{\left( \sum_K X_{iK}^2 \sum_K X_{jK}^2 \right)^{1/2}}
\tag{2}
$$

其中，$S_{ij}$ 代表区域 i 与区域 j 的相似系数；$X_{iK}$、$X_{jK}$ 代表两个区域的同类指标。

相似系数 $S_{ij}$ 的取值范围是 [0, 1]，描述区域相似程度。如果 $S_{ij} = 0$，两个区域的水问题没有相似之处，如果 $S_{ij} = 1$，则两个区域的水问题完全相似。定义某一阈值 S，当 $S_{ij} \geqslant S$ 时，则两个区域基本相似。计算作为研究对象的各区域间相似系数，将很清楚、直观地表达出区域间的异同。

4. 水问题的分区特性

以全国九大流域片为对象，借助社会经济及水资源利用资料，采用如下三大类互相兼容的可比性指标，计算相似系数。

（1）水土资源与生态基础：降雨深、径流系数、产水模数、地表径流占水资源比重、重复量与地下水之比、地表径流平均矿化度、坡度小于 15°平地面积占总面积比重、土壤侵蚀模数、植被覆盖率。

（2）水土资源开发：水资源利用率、地下水开采率、水资源消耗率，土地利用率、耕地灌溉率。

（3）经济社会发展与水土资源利用：城市化率、人均 GDP、GDP 构成、工业结构、种植结构，人均水资源量、人均耕地、亩均水资源量、用水结构、用水定额、工业用水重复利用率、污水排放率。

主要指标含义如下：

1）降雨深、径流系数、产水模数、地表径流占水资源比重、重复量占水资源比重、重复量与地下水之比、地表径流平均矿化度：表达水文循环、水资源数量与质量及其分布，也间接反映气候、地貌、水文地质等条件。

2）平原面积占总面积比重：反映土地资源量和开发条件。

3）土地利用率：为耕地与平原面积比重，反映农业土地利用情况和进一步开发的潜力，当接近或超过 1 时，表明土地利用已过饱和，同时也表明存在坡地，容易造成水土流失。

4）耕地灌溉率：反映农田水利化水平。

5）城市化率、人均 GDP、工业占工农业总产值比重、乡（镇）工业占工业比重：反映社会经济发展水平，产业结构。

6）人均水资源量、亩均水资源量、人均耕地：反映水、土资源与人口相匹配情况。

7）人均用水量、灌溉用水占总用水比重、城市生活与工业用水占总用水比重、乡（镇）工业用水占工业用水比重：反映用水水平和用水结构，其中城市生活与工业是现阶段我国水环境污染的最主要来源，因此其用水比重也反映了污水排放程度；乡（镇）工业主要散布在农村地区，是造成大范围恶性污染的主要来源，其用水也反映了水源污染情况。

8）水资源利用率：表示水资源开发程度，也反映了生态平衡破坏情况。一般地讲，水资源利用对生态平衡的影响，干旱地区比湿润地区更显著。

9）地下水开采率：从宏观上反映了地下水合理利用程度，当数值很大时，表明可能存在大规模超采地下水。

相似系数计算结果如表1所示。综合分析各流域片的差别，取 S = 0.9。将各区域按相似性归类进行分析，考虑松花江流域与辽河流域的差异，我国水问题国情呈现三大类型五个区域变化特点：①西北内陆地广水少失衡区。②西南水丰地寡失衡区。③北方水少地多不均衡区（含黄河、海滦河、淮河，包括辽河流域西部）。④南方水多地少不均衡区（含长江、珠江、东南诸河三大流域片）。⑤东北水土均衡区（松花江流域、辽河流域东部）。

表 1 水问题区域相似矩阵分析

|  | 海滦河 | 淮河 | 黄河 | 长江 | 珠江 | 东南诸河 | 西南诸河 | 内陆河 |
|---|---|---|---|---|---|---|---|---|
| 松辽河 | 0.84 | 0.82 | 0.94 | 0.78 | 0.68 | 0.61 | 0.39 | 0.76 |
| 海滦河 |  | 0.95 | 0.95 | 0.68 | 0.56 | 0.48 | 0.20 | 0.66 |
| 淮河 |  |  | 0.90 | 0.82 | 0.72 | 0.67 | 0.27 | 0.60 |
| 黄河 |  |  |  | 0.75 | 0.62 | 0.54 | 0.28 | 0.74 |
| 长江 |  |  |  |  | 0.98 | 0.94 | 0.59 | 0.53 |
| 珠江 |  |  |  |  |  | 0.99 | 0.64 | 0.45 |
| 东南诸河 |  |  |  |  |  |  | 0.58 | 0.35 |
| 西南诸河 |  |  |  |  |  |  |  | 0.38 |

5. 区域特点

（1）水土基本平衡区。东北地区总体上偏湿润，是北方水资源较丰富地区。土地资源丰富，平原面积占全国的16%，水土组合条件优越，耕地面积占全国1/5以上。开发耕地，进一步发展灌溉面积还有潜力。东北地区为老工业基地，城市化程度高，但优越的自然条件使得东北有着建立全国最大农业基地的前景。

（2）水少地多不平衡区。黄河、海滦河、淮河，包括辽河流域西部，总体上偏干燥，其中淮河南部较湿润。该区域土地资源丰富，土地利用率都在0.7以上，城市化与农业争夺水资源激烈，由于地表水利用儿近枯竭，地下水严重超采，用水总量基本不变，水土资源开发利用引起的生态危机深重。最为严重的黄淮海平原已见不到河流，许多河道变成了排污沟和汛期行洪道。长期以来，依赖节水以及地下水超采来满足经济发展的需求，农业用水比重下降，工业、居民生活用水比重上升，耗水量已占水资源总量的60%以上。水土资源的长期超负荷开发利用，已经改变了产汇流关系，导致径流量进一步减少，已处于深刻的生态危机状态。

（3）水多地少不平衡区。长江流域中下游、珠江流域、东南诸河流域，经济发达，是我国人均 GDP 最高的区域。本区域地处湿润地带，水资源丰富，但土地资源较少。根据资料并结合调查分析，除东南诸河尚有少许荒地，整个南方地区已少有荒地资源可供开发，许多耕地处在山丘区，易造成水土流失。耕地灌溉率高，平原地区农田基本上已实现灌溉。城市化与农业争夺土地资源激烈，尤其是机场、高速公路的建设占用农田严重，例如，每公里高速公路占地平均 7 公顷以上。因此，南方地区发展灌溉面积潜力不大。工业发达，乡村工业星罗棋布，水污染已成严重之势。长江上游由于毁林开荒，水土流失严重。

（4）水丰地寡失衡区。西南诸河社会经济落后，人均 GDP 不到全国平均数的 1/3。气候湿润，雨量丰沛，水能资源十分丰富，土地资源稀缺。土地利用率达 1.84%，现有耕地中超过半数是坡地，灌溉方式落后，水土流失严重。

（5）水缺地广失衡区。西北内陆河区土地资源极其丰富，但气候干燥，降雨稀少，径流模数低，生态基础十分脆弱。水资源与生态关系极为密切，社会经济与生态环境对水资源竞争激烈。由于内陆河相互独立，自然条件恶劣、无人居住的流域水资源得不到利用，而人口集中居住的流域水资源利用率都非常高，有些地方甚至失控。如准噶尔盆地与塔里木河流域水资源利用率都在 0.7%~0.8% 以上，河西走廊水资源利用率几乎达 100%，已出现很多复杂的生态问题。内陆河区在十几年里用水量基本保持不变。

## （三）区域水问题发展极限

### 1. 区域发展基本格局

第一类，水土资源组合严重失衡的西部地区，由于水土资源的两种不同的极端组合，形成两种性质截然不同的生态脆弱地带，发展经济的首要制约因素是生态问题。西部地区水土资源开发利用不可避免地引发了一系列生态问题，严重地影响经济发展，这是造成西部贫困的根源。较之于中国其他地区，西部地区的水土组合矛盾最为复杂和尖锐，是所有其他矛盾的来源。

一是西北内陆干旱区，水资源量小且空间分布非常集中，土地拥有量大，属于极端的水少地多区域。社会经济活动集中在狭小的绿洲，生态基础极其脆弱。水是支撑绿洲生存的基础，在发展进程中始终存在经济与生态争夺水资源的矛盾，区域发展的制约条件是水资源承载能力，以平原地区绿洲—过渡带生态系统用水为主要标志，生态需水是内陆河干旱区水土资源开发利用控制性指标。

二是西南地区，山高平坝少，水资源极其丰富，土地缺乏且土层薄，保水保土能力差，属于极端的水多土少地区。耕地较少，现有耕地中超过半数是坡地。在发展进程中始终存在经济与生态争夺土地资源的矛盾，水土流失严重，区域发展的制约条件是土地资源承载能力，需要有效治理水土流失。西南经济社会发展重心在平坝地区，依托的水资源是高原湖泊，形成"一座山、一盆湖、一平坝、一灌区、一座城"的自然环境人文生态单元，作为资源—环境—经济发展综合载体，其承载能力有限。

第二类，水土资源组合不均衡的地区，在人口增长和经济发展驱动下，出现城市化与农业争夺紧缺资源（水或者土地）的矛盾，造成严重的生态退化与水环境问题。北方水资源短缺，各地争夺有限水源，常常引起水事纠纷；南方水环境恶化，各地防堵污水，常常互相"赠送"污流。

一是北方海河、黄河、淮河、辽河流域，水少地多，是我国主要的粮食生产基地，灌溉发达而水量不匹配。城市化与农业争夺水资源激烈，人—水矛盾突出，在我国最早出现缺水危机。黄河自花园口以下为地上悬河，几乎没有流域面积，使黄河成为海河、淮河的"界河"，河道内径流下渗补给两岸地下水，使黄淮海形成密切的水力联系。黄淮海的这些关系给海河与淮河流域引用黄河水提供了便利的客观条件，使得以很低的工程成本就可以实现引黄，也给黄河水资源与生态问题的加剧埋下了伏笔。黄淮海流域片的水资源问题联系在一起，错综复杂，构成我国水资源短缺问题的核心。社会经济发展需求与资源承载力矛盾深重，现阶段区域发展的制约条件是水资源承载能力及土地高质量开发。

二是长江、珠江流域和东南沿海的广大地区，水资源丰富，但土地资源较少。城市化与农业争夺土地资源激烈，人—地矛盾突出，水污染成泛滥之势。根据调查分析，整个南方地区已少有荒地资源可供开发。由于工业发展，水质急剧下降，造成大范围的用水紧张。区域发展的制约条件是水环境承载能力，珍惜有限土地资源。

第三类，水土组合基本均衡的东北松花江流域，作为我国最后一块新兴粮食生产基地，面临的主要矛盾是经济开发与湿地、森林等生态资源保护。区域发展的制约条件是水土资源的综合承载能力。该区域是我国湿地最集中的地区。由于水土资源长期大规模开发利用，尤其是近十几年，灌溉面积高速发展，流域用水量迅速增加，土地围垦和引水灌溉，使得湿地被不断蚕食并萎缩，生物多样性受到破坏，湿地的生存受到严重威胁（见表2）。

2. 水资源利用的极限

受经济社会发展驱动的水土资源开发利用，是通过对自然财富（自然资源与生态及环境）的加工改造，将其转化并再造为社会财富（如 GDP）。一方面，用水量受边际效益的驱动而增长；另一方面，受边际机会成本的约束，增长出现一个加快、

表 2　区域发展与水问题特点分析

| 类型 | 流域 | 特点 | 主要矛盾 | 发展制约 |
|---|---|---|---|---|
| 水土组合严重失衡 | 内陆河 | 水少地丰 | 经济与生态争夺水资源 | 水资源承载能力、生态用水 |
| | 西南诸河 | 水丰地寡 | 经济与生态争夺土地资源 | 土地承载能力、水土流失 |
| 水土组合不均衡 | 海河、黄河、淮河、辽河 | 水少地多 | 城市化与农业争夺水资源 | 水资源承载能力及土地高质量开发 |
| | 长江、珠江、东南诸河 | 水多土少 | 城市化与农业争夺土地资源 | 水环境承载能力 |
| 水土组合基本均衡 | 松花江 | 水土平衡 | 经济开发与河流湿地生态保护 | 水土资源综合承载能力 |

变缓、趋近极限而零增长的过程。只有在边际效益高于边际机会成本时，用水量才会增长，属于正常、合理的增长；当边际效益等于边际机会成本时，用水量增长出现拐点；当边际效益低于边际机会成本时，用水量的增长得不偿失，强行的增长将是灾难性的。

边际机会成本 MOC 由边际生产成本 mpc、边际使用成本 mup、边际外部成本 mep 三部分组成：

$$MOC = mpc + mup + mep \qquad (3)$$

对于水资源利用而言，边际生产成本是水资源开发利用的资金与劳力投入，可以通过财务核算评估，是最常见的显性成本，与工程的易难程度有关，工程条件越复杂，难度越大，边际生产成本越高。

边际使用成本，指资源利用与消耗使得资源储量减少，这是一种隐性成本。通常情况下，由于水文循环作用，在一个循环周期（一年）内，消耗的水量得到补充与更新，许多学者因此认为水资源边际使用成本为零。其实，上述结论应该是有前提条件的，即水资源开发强度在一个较低的程度上，不足以改变水为支撑的生态格局，或水文循环本身。由于水文循环与生态系统关系密切，大量的水消耗会影响生态系统的稳定，生态格局的改变又会影响水文循环的作用空间和径流形成分布，从而导致地表径流量的减少。事实上，今天所见中国北方，到处都是江河干涸消失，地下水超采，沙漠逼境，就是因为透支了太多的边际使用成本。按国内外多年研究结论，地表径流减少 40%，生态后果就趋向于不可逆的退化。因此，当取用地表径流达到 40%时，就要考虑水资源边际使用成本。

边际外部成本，指资源利用对环境产生的附加作用，主要是污水排放造成的环境污染，尤其是水环境污染。边际外部成本与边际使用成本常常被混淆，就如同许多人将生态与环境混为一谈一样，二者是有很大区别的。水资源利用边际外部成本是用水之后的负效应，只要有用水，就有外部成本，而边际使用成本并不一定存在，只是用水量的强度过大引起的生态负效应。

当下的中国，边际机会成本的构成中，边际使用成本与边际外部成本已远远高于边际生产成本。水土资源开发利用引发的生态危机与环境恶化，已经积累成为灾难性的现实危机。

3. 区域水问题演变趋势

根据水土组合情况和开发现状，分析研究不同类型区域的发展趋势。利用可比性指标和分布性指标，分析区域水土资源开发利用前景，分析水资源开发利用极限状态（见图2）。

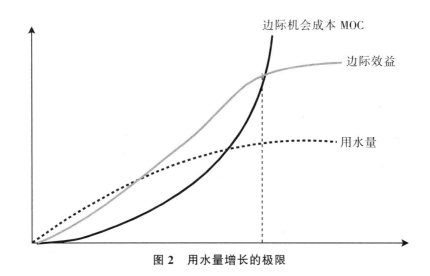

**图2　用水量增长的极限**

根据各水资源利用区的特点、水土资源组合情况和种植结构，采用节水灌溉定额，探讨灌溉面积与灌溉用水发展前景。考虑到社会经济总体结构和灌溉用水与其他用水部门的关系，参考已出现用水"零增长"的先进国家用水结构，通过确定灌溉用水在总用水中的比重，进一步分析水资源利用的极限情况（见图3）。

根据水土组合情况和开发现状，按照不同类型区域的发展趋势，相似的流域片采用的可比性指标接近；水多地少的地区，考虑城市化用地后充分发展灌溉面积；地多水少的地区，充分考虑水资源合理利用限度；水土组合优良的地区，充分考虑发展灌溉面积；考虑到我国人口众多，农业灌溉始终要占重要地位，灌溉用水比重高于先进国家。

分两种情形研究水资源利用极限：①不考虑南水北调，仅研究各区域当地水资源利用极限，保持九大流域片目前的相互关系，不作调整；②考虑南水北调，以引江水调整、理顺黄淮海关系。

在第一种情形里，海河、淮河既不停止引黄，也不增加引黄水量，黄淮海流域

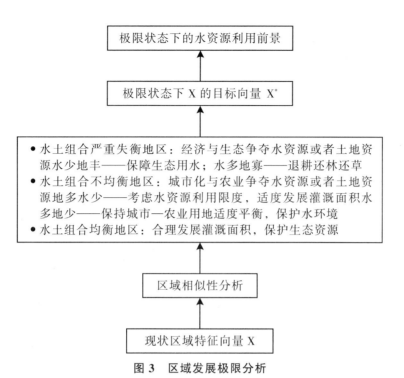

图 3　区域发展极限分析

用水总量维持不变，发展经济依靠节水和调整用水结构来解决，并且继续维持一定的地下水超采。黄淮海区水利工程发达，又有用水需求，通过节水可以调整用水结构，但几乎不可能降低用水总量，这是不以人们的意志为转移的趋势。例如，海河流域长期处在饥饿用水状态，灌溉节水潜力不大，而包括工业和居民生活在内的城市用水仅占该片总用水量的三成，进一步节水也改变不了大局。

如此看来，在第一种情形里，黄淮海的问题没有解决，甚至可能会加重。一方面，水资源短缺继续影响社会经济正常发展；另一方面，生态与环境状态继续恶化。

在第二种情形里，通过兴建南水北调工程，将黄淮海三大流域的水资源利用率调整到 0.6，恢复生态良性状态，并且使该区域严重的缺水状况得到根本缓解，维持社会经济正常发展。按照这一思路，需要调水 420 亿立方米，其中 200 亿立方米用于调整黄淮海水资源利用率，220 亿立方米用于满足黄淮海区进一步发展需要，使全国用水极限达 7610 亿立方米左右。

根据分析，黄淮海三大流域片用水从整体上已超过正常极限，内陆河水资源利用正接近极限（见表 3）。其他地区到达极限的时间需要专门分析，可借助于模型进行预测模拟。

表 3　水资源利用极限分析

| 流域片 | 土地利用率 | 耕地灌溉率 | 水资源利用率 | 总用水量（吨） |
|---|---|---|---|---|
| 松辽河 | 0.90 | 0.50 | 0.57 | 1093 |
| 海滦河 | 0.90 | 0.65 | 0.60 | 460 |
| 淮河 | 0.92 | 0.65 | 0.60 | 705 |
| 黄河 | 0.90 | 0.55 | 0.60 | 526 |
| 长江 | 1.25 | 0.69 | 0.29 | 2357 |
| 珠江 | 1.20 | 0.72 | 0.24 | 1115 |
| 东南诸河 | 0.90 | 0.85 | 0.18 | 478 |
| 西南诸河 | 1.84 | 0.45 | 0.02 | 95 |
| 内陆河 | 0.16 | 0.50 | 0.60 | 778 |
| 全国 | 0.61 | 0.60 | 0.27 | 7608 |

## 三　水利发展的重大结构性关系

### （一）水利发展与区域水利模式关系

水问题国情分析表明，我国存在水土资源所有的五种组合，因此形成五大区域水问题。作为一个自然条件多样化、人口众多、经济发展迅速的大国，没有一种单一的模式普遍适合我国水利发展需求，同时也表明，我们可以兼收并蓄世界各国成功的经验，用于我国相适应的地区，但要具体情况具体分析，切不可简单移植。

我国水问题的区域特性，给制定国家可持续发展战略提供了有利的依据。制定国家社会经济发展政策，特别是农业发展政策时，必须面对各区域特点，充分考虑区域发展与水资源利用之间的关系，在宏观上把握区域发展方向。水利事业的基本特征，是人类在区域尺度上调整自然条件与经济社会发展的相互关系。水利发展必须符合水问题的国情，走区域发展、总体协调的道路。

西北内陆干旱区，区域发展的制约条件是水资源承载能力。以水资源科学配置为中心，发展水利事业，保护绿洲为中心的生态安全，支撑经济发展。

西南地区，区域发展的制约条件是土地资源承载能力。需要有效控制和治理水土流失，开发水能资源。西南经济社会发展重心在平坝地区，依托的水资源是高原湖泊，需要以高原湖泊综合承载能力为中心，调整水利战略。

北方海河、黄河、淮河、辽河流域，人地争水，在保证土地高质量开发前提下，水资源承载能力成为区域发展的首要制约条件。发展水利需要经济、社会、生态并重，通过跨流域调水，调整黄淮海关系，达到良性平衡。

南方长江、珠江流域和东南沿海诸河流域，人水争地，污流横溢，区域发展的制约条件是水环境承载能力。需要珍惜有限土地资源，保护灌溉面积，发展环境水利。加强排污、治污管理，引入市场原理，建立水环境安全长效管理机制。

松花江流域，区域发展的制约条件是水土资源的综合承载能力。加强湿地保护，调整水土资源开发布局，在控制耕地总量的同时，发展灌溉面积，提高水利化程度。

## （二）水利发展的政府行为与市场作用关系

中国水问题鲜明的区域性和水资源的二重性，决定了在中国经济崛起与社会转型过程中，水资源管理的高难度和复杂程度举世无双，需要有新的思维和创新方法。

水资源同时具备资源和环境的属性，是社会经济发展的基础资源和维护生态平衡的主要条件和载体。从经济与社会属性看，水资源具有公用共享和排他二重性。水资源在自然界生成、运动，作为生态环境的组成部分和支撑要素，具有全民公用共享的属性；由自然界提取水资源，用于社会经济各个领域，此时具有排他性，表现在水资源使用地区（如上、下游）间的互斥、不同用户间的互斥；水在上述使用过程中一部分被消耗，另一部分在使用过程中与不同介质接触而携带大量污染物重新回到自然界，造成对公用性的损害，形成"公共灾难"，水资源利用的外部成本使水资源的二重性实现转换。

水资源的二重性决定了政府行为与市场影响界限。依据水资源的公用性，涵养水源，维持与水有关的生态与环境安全，这是公共安全的一部分。公用性使得市场失效，必须由国家通过法律严肃界定，不可挑战。排他性多由经济利益驱动，属于市场影响范畴，遵从市场规律进行交易。受经济规律支配，优质、充足的水总是朝高效益的区域和部门流动。这就引起一个社会学问题：如何体现社会公正性，保障弱势群体（地区）生存的基本用水安全，这是政府当然的责任。

转变水利发展模式的最重要的条件是政府自身的转变，经济发展中的资源和环境约束从来都存在。我国资源和环境约束压力显著增大，是资源禀赋、发展阶段和体制条件共同作用的结果。资源禀赋无法改变，发展阶段又难以超越，体制政策环境则是改进余地最大的方面。

政府行为与市场作用应该这样界定：政府抓两头、调控中间。抓两头：在用水的开端，通过法规保护弱势群体基本用水安全，剩下的由市场去推动；在用水的末端，以法规形式监控和治理水环境，减少外部损失对公共安全的损害。调控中间：遵从经济规律，通过政策宏观调控，扶植基础产业（如农业、能源）的用水保障，减少对水市场的干涉。

水资源管理需要政府与民间分工合作，法律、行政与市场结合，界定政府行为与市场作用界限是核心问题。水资源管理制度创新有三个要点：第一，需要建立体现水资源二重性的制度结构，在生态学、社会学、经济学三个基本方向上确定国家、政府、市场（企业/用水户）的职责、权限和任务。第二，水资源管理需要针对水问题国情，不同区域突出的中心问题不同，不可以同一化，搞"一刀切"。需要根据区域性水问题，因地制宜确定节水任务和目标。北方水资源紧缺，首当其冲是用水量的节约。南方水污染肆虐，重点是排污量的节制。第三，制度结构要弃繁从简，提高效率，减少制度成本，将交易成本作为评价制度的指标。水市场体现水问题的区域性：水权交易与排污权交易相结合，建设节水防污型社会。北方以建立水权交易市场为主，南方以建立排污权交易市场为主。

## （三）水利投资与经济社会发展的互动关系

利用水利投入占用产出分析技术，根据水文水资源规律，将"水"依循水循环的防洪、取、供、用、排、回用各个重要环节从各行业生产服务活动分析，制成水利投入占用产出表。按水利分类统计技术资料和水利投资规划的基本要求，基于国家统计局颁布的42部门投入产出表，将水行业从国民经济行业分类中独立出来，创建51部门构成、系统描述体现12项功能的水行业与国民经济相互作用关系的水利投入占用产出模型，真实地反映水利对经济社会的资源保障、社会保障和生态保障作用。按水利管理的需求，编制全国和十大流域片水利投入占用产出表。

利用水利投入占用产出模型进行水利投资对国民经济影响效应分析，GDP增长与水利投资增加之间的关系：水利投资增加就业机会。水利在国民经济行业链条环节中对下游产业群的推动作用及上游产业群的拉动作用是联动传递的，分析水利投资下为水利提供原材料、能源和劳务等后向部门（上游产业）产生的后向效应和使用水利建设投资的前向部门（下游产业）产生的前向效应。

水利建设对国民经济和社会发展具有不可替代的促进作用和安全保障效应。由水利投入占用产出分析计算论证，水利基建每元投资的前向效益（包括防洪、供水、灌溉、水电、水土保持等）为3.064元，对后向产业的直接拉动效应为0.497元。亿元水利投资拉动12.12万人就业，在40个国民经济部门中排第五位。理论上证明了水利具有很强的公益性、基础性、战略性，充分说明水利发展关系到经济安全、生态安全、国家安全。

理论分析表明：2020年前水利总投资占当期GDP的最适宜的比例为0.86%~0.88%；2020年最佳水利投资比例：防洪、供水、治污和水保分别为23%、35%、32%和10%。

根据 2011 年中央"1 号文件"要求，未来 10 年水利投资总额将超过 4 万亿元。但水利投资稳定增长面临的压力越来越大。

我国水利投资由中央政府、地方政府、金融信贷资金和社会资金组成，2010 年四者占比为 51.2%、36.9%、7.7%、1.9%，总计约 2707 亿元人民币。

受到财政收入增长趋缓和财政支出结构调整的双重制约，中央政府加大水利投资财政保障资金相对紧张。地方财政增加水利投资则面临财政支出能力不强、动力不足的问题。由于多数水利项目公益性强，投资大而回报期长、回报率低，未来提高金融信贷和社会资金投入比例难度较大。水利建设资金供给可能存在一定缺口，特别是"十二五"期间投资缺口可能较大。

我国在完成工业化、城镇化之前，水利基础设施薄弱的挑战长期存在，仍要继续保持水利投资超前。通过三个途径保障水利投资：①建立政府水利投资稳定增长机制，扩大水利建设基金规模，合理划分中央与地方在水利建设中的事权与职能，确保中央和地方水利预算投入大幅度增长；②鼓励金融部门加大对水利建设的融资支持；③积极引导社会资本参与水利建设，拓宽水利投融资渠道。

完成上述任务需要持续推进管理体制改革，进一步开放水利市场。尤其是要勇于划定政府管理与市场边界，向国内外开放市场，建立保障让投资者获利的机制，以法规给予确定，吸纳民间投资。

## （四）经济社会发展与生态安全的关系

经济社会的发展与生态安全其实是相互依存的关系，在经济建设中忽视生态保护的结果将会适得其反，使社会经济停滞不前，长期落后，甚至断送自己的家园，目前许多地方日益呈现的环境恶化、生态退化的问题已经处在崩溃的边缘，给了我们许多深刻的教训。

经济发展与生态保护既相互矛盾又相互联系，特别是在目前大力发展经济，且没有把环境成本纳入经济核算体系的情况下，这一问题尤为突出。由于生态功能对外界干涉的反馈存在量变到质变的累积效应，这就要求树立持续发展的观念，不能为了一时的经济利益，而损害了将来发展的潜在机遇。处理好发展与生态安全的关系必须符合可持续发展的思想，要求在经济建设中把握一个合适的"度"，使得生态与环境损害控制在较低的程度上，也就是在生态保护和社会经济发展之间寻求一个合理的平衡点。既考虑生态安全，又考虑国民经济协调发展，对社会经济发展和生态安全之间的关系给出合理的价值判断。生态用水就是度量这种制衡关系的控制性指标。

生态系统对水资源有强烈的依赖性。处理社会经济发展与生态安全的矛盾，表现为处理好国民经济用水和生态用水的关系。国民经济用水要受生态用水的制约。水不仅是国民经济各部门发展的基本条件，也是维护地区生态平衡的基本保证。由于总的水资源量有限，使得经济用水与生态用水此消彼长的矛盾长期存在，近年来愈加突出。

农业作为国民经济基础产业，用水优先保证的地位受到工业化、城市化的冲击。不断加快的工业化与城市化进程，其用水需求进一步加大，导致占用农业用水，农业转而占用生态用水。处理经济社会发展与生态安全关系的基本原则，是在水资源利用中必须优先满足由径流支撑的生态系统最低限度的用水需求。我国地域辽阔，区域差异大。我国与水有关的生态问题大致有如下七种情景：

一是内陆河干旱区，覆盖西北广大地区，经内蒙古延伸到华北北部和东北西部。此处水资源量小但空间分布非常集中，土地拥有量大，属于极端的水少地多区域。这一地区植被稀少，草地"三化"严重，多为沙漠和戈壁。社会经济活动集中在狭小的绿洲，生态基础极其脆弱。水是支撑绿洲生存的基础，要在水资源合理配置的基础上正确处理经济发展与生态环境保护的关系，优先满足绿洲生态用水。

二是同属西北地区的黄河上中游半干旱区。土地资源丰富，但水资源缺乏，且水低土高，灌溉成本高。农业生产结构单一，贫困人口量多面广。生态问题最为严峻的是黄土高原地区，总面积约64万平方公里，植被稀疏，水土流失面积约占总面积的70%，是黄河泥沙的主要来源地。需要将治理生态环境与扶贫相结合，改变农业种植结构。

三是西南地区，包括澜沧江、怒江等国际河流域及长江、珠江上游山区。此处山高平坝少，水资源极其丰富，但保水保土能力差，土地缺乏且土层薄，生态基础脆弱。由于长期不合理的耕作、草地过度放牧和森林大量采伐等影响，水土流失严重，土层日趋瘠薄；山区降雨量和降雨强度大，滑坡、泥石流灾害频繁，不少地区因土地"石化"而贫困，甚至丧失基本生存条件。应该以改造坡耕地为中心，开展小流域和山系综合治理，恢复和扩大林草植被，控制水土流失。利用丰富的水能资源，通过水电的开发建设，推动贫困地区的经济发展。

四是黄河中下游、海河及淮河干流以北的半湿润区。土地资源丰富、灌溉发达而水量不匹配，伴随着社会经济发展，缺水严重。水资源超负荷利用导致河川经常断流甚至干涸，地下水超采造成地面沉降、海水入侵等严重的生态问题。解决北方地区的缺水是改善该区域生态问题的首要条件。

五是淮河干流以南，包括长江、珠江流域和东南沿海的广大地区。地处湿润地带，水资源丰富，但土地资源较少，现阶段土地资源已基本开发殆尽。许多耕地处在山丘区，由于森林过度砍伐，毁林毁草开垦，植被遭到破坏，水土流失加剧，泥沙下泄淤积江河湖库，同时在湖泊河网地区不合理的围湖造田，加剧洪涝灾害的发生，对农业生产和经济发展造成严重影响。需要进行山、江、湖一体化综合治理。

六是东北地区。自然条件优越，水土资源丰富，是世界三大黑土带之一。由于地面坡度缓而长，土层较薄且表土疏松，极易造成水土流失，损坏耕地；加之森林资源严重砍伐，湿地遭到破坏，干旱、洪涝灾害频繁发生，对农业的发展造成危害，甚至对一些重工业基地和城市安全构成威胁。需要综合平衡开发水土资源，防治水土流失，重视自然湿地保护。

七是青藏高原地区。该区域绝大部分是海拔3000米以上的高寒地带，土壤侵蚀以冻融侵蚀为主。自然条件不适合大规模农业开发，且是众多大江大河发源地，保护自然生态是首要问题。当务之急是加强天然草场、长江黄河源头水源涵养林和原始森林的保护，防止不合理开发。

此外，在生态安全这个问题上需要正确地理解与运用国外先进技术。国外在生态保护上成功的经验是采取预防性管理，定位于维护正常状态，避免危机出现，不涉及正常范围以外的破坏退化过程。当前我国面对的水与生态安全问题严重性、管理目标与国外有很大不同，属于生态危机管理范畴。针对生态深度破坏现状，需要研究流域水循环人为改变与生态系统退化机理，需要解决生活用水、生态用水、经济用水合理配置和生态调度问题。

## （五）工业与农牧业的关系

中西部省区蕴藏着我国最丰富的自然资源。资源省份的产业安排既要发挥资源优势，又要考虑区位特点，尤其是中西部处于我国各大流域的上游，产业布局要与水土资源、水文循环规律相适应。

资源省区的工业建立在本地自然资源之上，其发展有两种思路：一是基本脱离农业资源，重点进行矿产资源开发并追求其高度加工；二是充分利用本地农业资源，建立与农业生产相融洽的农林牧产品加工业，矿产资源的开发与加工产品基本限制在初级水平上。

第一种模式，工业与农业的关系基本上是对立的，工业与农业各自独立，利益冲突严重，城市与农村的差距不断扩大，经济的二元结构难以消除，整体经济效益低下。首先，资源加工工业必备的技术素质差距和资本能力的薄弱，使资源省区失去比较优势，竞争力先天不足。其次，工业与农业争夺有限的水资源，并且污染水环境，使农业遭受双重损害；此外，工业在对农业的损害过程中进一步降低了自身的竞争力，加工业对脆弱环境的破坏使成本进一步提高，导致资源与资本浪费，工业经济效益低下。这种模式下的农业发展也受到负面影响。其一，资源加工业对水环境的重污染，使农产品的品质下降。其二，工业与农业的产品之间缺少交换，农产品缺少加工工业的需求刺激，使生产停留在粗放经营的水平上，造成农业投入减少，效益降低。迄今为止，中西部不少省区基本上处在这种模式下运作，导致在资源配置不合理的基础上低水平的经济发展与水资源及生态和环境之间矛盾的激化。

第二种模式，工业与农业关系是积极互动的，即所谓循环经济的模式。工业与农业的关系建立在水土资源高效合理利用、生态安全、环境良性循环的基础上。工业与农业需要在利益上和谐，在生产上相互依赖，和平共处，协调发展。工业要追求低耗水、对环境无害以至对农业有益的"清洁"产业模式。农业作为区域发展的产业基础，成为工业发展的依托和原料供应者。工业对农林牧业产品的需求刺激，促使农业降低投入产出比重，提高经营水平，农业得到发展。工业的耗水低、污染低，甚至排出的副产品成为农业的优质肥料（如食品、饮料、酿造业排放物）。以农业资源为基础的深加工业产品往往具有鲜明的地方特色，附加值高，具备较强的竞争力。

20世纪90年代中期以来，尤其是最近几年，出现的趋势令人担忧。首先是产业西迁，东部产业向中部迁移，中部在承接东部产业的同时，将重污染、高耗水产业向西部迁移。这实际上使水土资源组合严重失衡、生态基础脆弱的西部承担了全国经济发展的环境与生态风险。我国中西部由两类区域组成：一是各大流域的上游及其源头；二是干旱封闭的内陆河，高耗水重污染的重金属、重化工、煤化工企业有向这些区域蔓延的趋势，导致的后果十分严重，流域源头污染将是灾难性的，造成全流域的环境质量下降，水安全受到严重威胁，尤其是小而封闭的内陆河，这是致命的。在西北干旱区就有煤化工厂址设在年径流量仅有2亿立方米的河流源头。

其次是中西部的农牧业关系出现新的一元结构，灌溉无节制，占用了大部分水土资源。许多传统牧业区域，草场被灌区不断挤占，草场面积已经小于耕地面积。农业生产的一元化结构在造成生态失衡危机的同时，也损害了传统从事牧业生产的少数民族经济利益。因此，处理好农牧林业的关系有助于改善民族关系，特别是汉族与少数民族之间的关系，有利于社会安定和民族团结。

中西部出现的产业结构问题影响全局，一旦由环境、生态问题酿成社会问题，后果不堪设想。

## （六）城市化与区域水利一体化关系

随着城市化进程，城乡水利格局发生巨变，城市化区域的扩大，区域水利出现新的难题。在水利部推动下，全国大部分城市实行了新的城市水务管理体制，以成立水务局为标志，实现城乡水务一体化管理的机制已经取得阶段性成果。以水务城乡一体化，实行供、用、排、处理回用全过程管理，同时履行防洪、保证水资源供需平衡、保护水生态环境职责的上海水务局模式已经得到普遍认同和推广。

城市化的推动正在形成若干区域性的城市群，以城市为基本单元的水务管理表现出新的不足，水务管理正面临新的挑战。①由于行政区划造成的条块分割，供水水源各自为政，往往是行政级别高的城市优先，造成水资源的闲置甚至浪费与用水紧缺并存。②由于经济实力所限与行政区划所限，取水水源限于本地，地处水源地下游的城市往往缺少优质水的取水口，造成饮用水质量下降。③自成一体的城市水务管理，使水环境问题更突出，加大了城市群区域水资源利用的外部成本。表现形式为污水或处理不达标的水朝郊区排放、朝公共水道排放，干净了城区、污染了农村，城市区划边界水污染加剧。④污水处理成本效益与城市规模有关，中小城市污水处理厂开工率低，甚至成为摆设。水环境污染对水源地保护造成巨大威胁，造成供水紧张，用水质量下降，形成恶性循环。

针对单一城市水务管理的局限和存在的问题，根据城市化进程和发展趋势，需要改变条块分割的城市独立管理水务的模式。城市群的发展，为建立区域的水务管理新模式提供了条件。

处理城市群水务联合管理问题和政体有关，国外常常用理事会制度，如韩国的水公社，采取的是会员协商制。理事会制度的体制背景是小政府、大社会，城市水务管理真正实现市场化。而我国城市水务受管理部门支配非常严重，政府职能部门利益在辖区内无处不在，在这样的背景下，城市群的水务管理不可能建立平等的公民化的理事会制度。

打破区划分割，解决区域水务管理的出路在于建立市场机制的区域大水务管理模式，以市场机制实现由区划到区域管理。

在城市群区域概念下建立大水网。一是进行区域水源地联网改造，使供水水源形成一个整体，建立区域供水水网，或形象地称为清水网，实现城市水源地丰歉互补，优化水源管理，形成供水安全保障工程体系。二是建设区域污水处理输送网，或形象地称为污水网，优化污水处理工程布局，提高污水处理能力与水平。

符合城市群发展的区域水务市场化管理，制度安排上的优势非常显著：一是将各自为政的割据式的城市水务管理造成的制度成本消除；二是将条块式的区域水务管理造成并加大的外部成本进行内在化处理；三是提高水资源高效利用效率，减少水资源的无效消耗。实现区域大水网水务一体化经营管理将大大降低水务管理的交易成本。

## （七）地下水安全利用与保护关系

我国地下水资源总量约8000多亿立方米，如果按静态的观点（蕴藏量）看，这个量很丰富。但地下水是个动态的概念，大部分地下水资源量与地表水资源量重复，不重复量仅1000多亿立方米。从资源、生态、环境的综合利用与保护的观点看，地下水是有限的资源。

如何处理开发与保护的关系，决定了地下水管理的目标。开发利用的对象是地下水，而保护对象不仅限于地下水自身，是一个关系到资源、生态、环境综合安全的问题。

必须在水资源统一管理之下进行地下水管理。传统的地质观点将地下水看作如同矿产资源一样的静态储藏量，割裂地下水与地表水的水文循环联系，并且不区分深层与浅层。分离式管理忽视生态保护，这是地表水地下水分离管理的最大缺陷。将地表水地下水分离式管理变为有机结合的统一管理，不是简单相加。但迄今为止，地下水实质上与水资源统一管理脱节，没有做到真正的统一管理。

要形成地表水地下水有机结合的水资源科学管理体系，需要有制度保障和技术保障。关键在于观念的转变和思路的创新。

地下水有潜水和承压水两种形式，开发利用条件、生态功能、环境影响有很大不同。潜水（浅层地下水）作为水文循环的一个主要环节，与地表水反复互相转化，在开采地下水时会影响河川径流，同时，河川径流的利用也会影响地下水。地下径流的开发利用与水资源整体利用和流域生态保护密切相关，需要从这个大格局看待地下水的合理开发利用与积极保护。承压水（深层地下水）基本上属于不可更新资源，持续的大量开采承压水会引发地面沉降等地质灾难，影响地表径流汇流区域变化。因此，承压水应为战略储备资源，严格控制开采。

地下水开发利用的原则应该是：有限开发、积极保护，保护中开发、开发中保护。

地下水开发与保护具有内在统一的内涵。地下水科学合理利用是一个关系到资源、生态、环境综合安全的问题，不仅要保护地下水水源，更重要的是保护与地下水密切相关的生态与环境。

保护体现在三个方面：一是保护生态，为了防止沙化、支撑河道基流（防止河川断流），不可过量开采地下水；二是调节生态，为了防止盐碱化，鼓励开采地下水以降低过高的地下水位；三是涵养水源，保护含水层的永续利用，保持地下水采补平衡。

开发也体现在三个方面：一是限制使用，承压水作为饮用水战略储备资源，只能在非正常情况下启用，特许条件下（如矿泉水、温泉等地热资源利用）允许有限开发；二是积极开发，调控地下径流（潜水），压碱压盐；三是控制开发，保持一定规模含水层，支撑河道基流，保护地表植被。

地下水位调控三大准则：一是保持一定地下水位，埋深不可过浅，通过开采地下水以防止和治理盐碱化；二是控制地下水位，防止地下水位过低，通过限采地下水支撑河道基流、防止地表荒漠化；三是保持地下水开采量与补给量平衡，以保护含水层的永续利用。

地表水地下水是一个统一的整体，共同形成全径流的概念（河流的地下水潜流场）。表现在四个方面：一是地下水是水文循环的一部分，其变化与年度水情相关，需要保持一个合理的开发利用水平，保持水源涵养能力。二是地表水地下水关系密切，互相转换，需要整体考虑，地下水需要与地表水联合开发，合理调度。三是地下水的生态功能，地下水潜流场与河川径流互相结合，构成河流的完整形态，地下水的河岸调节作用是流域生态健康的基础。四是地下水储存条件与水文地质单元关系密切，在大江大河的下游平原，水文地质单元不一定与流域边界闭合，因此需要结合流域统一管理，按照含水层水文地质单元管理。

不同区域地下水利用与保护具有差异。

西北内陆河流域：地下水支撑绿洲生态，过量开发导致荒漠化，同时并存灌溉排水不畅导致土壤次生盐渍化问题，需要加强保护，合理开采。

北方海河、黄河、淮河以及辽河流域部分区域：山前平原地区地下水持续开发，局部有盐渍化；下游平原地区含水层大部分疏干，超采严重，不少地方是深层开采与浅层超采并存，需要加强保护。

东北松花江流域：地下水开发利用总体上处于初、中期，需要加强调控。

辽河上游（西辽河流域）以及整个内蒙古东部地区：地下水补排活跃，需要合理利用，积极保护。

南方各流域：一些城市化地区开采承压水严重失控，造成不少地质灾害，并影响城市水系和防洪等水务，禁止将承压水当成常规水源。

## （八）水资源利用与经济社会发展方式的关系

由于水资源短缺的危机，我国很早就提出重视水资源利用与经济社会发展相互制约的关系，改变水资源单方面被动服从经济发展需求的传统。但实际操作上，在唯 GDP 的政绩目标下，这种局面实际上没有改变。一方面，水资源粗放使用；另一方面盲目满足经济发展需求。这在经济结构、经济发展方式本身具有局限和盲目的情形下，自然反映到水资源开发利用中来。通过供、用水结构的变化，可以看出水资源开发利用的畸形，进而揭示经济发展方式和经济结构的问题。

需要下决心改变发展方式。

耗水型产业结构在以支撑产业名义下难以调整。近10年耗水型行业结构甚至有进一步扩大趋势。事实上，火力发电、钢铁、石油化工、造纸、纺织等耗水型行业用水量占工业用水总量的60%左右。近年来保持较快增长的态势，主要耗水型产品产量年均增速普遍高于工业平均增长水平。当前，我国正处于新一轮重化工业过程中，火电、钢铁、石油、化工等重化工业在较长时期内仍将保持较快发展的态势。

同时，作为世界重要的制造业基地，国际国内市场需求仍将带动纺织、造纸等行业继续增长，中国成为这些大耗水高污染制造的输出国。

根据水资源公报分析，2001年全国总用水量5567亿立方米，其中生活用水600亿立方米，工业用水1141亿立方米，农业用水3825亿立方米。2010年全国总用水量6022.0亿立方米，10年增加455亿立方米。其中生活用水765亿立方米，增加165亿立方米；工业用水1445亿立方米，增加303亿立方米；农业用水3691亿立方米，减少134亿立方米。10年里用水总量年均增加45.5亿立方米，主要是工业和生活用水增长，农业用水下降，反映了工业化、城市化的进程以及农业节水成果。

进一步分析，2002~2007年，全国用水总量由5497亿立方米上升到5819亿立方米，总量增加322亿立方米。其中工业用水由1142亿立方米上升到1404亿立方米，增加262亿立方米。用水增加量的81.4%都由工业完成。分析同期的虚拟水量变化，2002~2007年，我国虚拟出口水资源量从576亿立方米上升到1799亿立方米，增加1223亿立方米；虚拟进口水资源从475亿立方米上升到1186亿立方米，增加711亿立方米；净输出虚拟水增加512亿立方米，大大超过同期总用水量的增长，是同期工业用水量增长的两倍。这说明，我们努力增加的用水，特别是工业用水都转移到出口加工产品中，除此之外，还要将工业结构调整，进一步降低国内需求。这一方面加剧了水资源短缺和环境污染，另一方面也反映了某种程度上的产业畸形。

通过改变发展方式，可以大大缓解水资源危机，改善生态与环境。只有痛下决心，划定政府与市场界限，打破利益格局，才有可能发生改变。

# Analysis of National Water Condition and Choice of Water Safety Strategy

## CHEN Minjian

**Abstract**：The differences of natural conditions and the unbalanced development of regions lead to the extrusive contradiction among population, water and land. With water shortage and ecological deterioration as the main feature of China's water problems, it is of great significance to fully understand the environmental basis of China's water resources, and to grasp the regional strategy characteristics of China's water resources development. By presenting the theory and method of regional land and water resources and using a large number of data and information, this paper analyzes the complex national conditions of water issues, studies regional water issues formation mechanism, characteristics and evolution trend, and puts forward the limit of water utilization to constitute the basis for the development strategy of water conservancy power. On the basis of the analysis of the situation of water issues, the relationship between the ten structural problems that affect the development of water conservancy and national economy are deeply analyzed.

**Key Words**：Water Resources；Water Safety；Water Conservancy Development

# 战略绩效型政府模式：
# 内涵、比较与发展*

赵景华　　曹堂哲　　李宇环

（中央财经大学，北京　100081）

【摘　要】战略绩效型政府模式是众多政府模式中的一种，这种政府管理模式是一种以环境复杂性、多样性和动态性为前提，以有效地提供、增进和创造公共价值为根本宗旨，以战略、执行和绩效的整体性和协同性为特征，以有效、有用解决当代社会面临的公共事务为指向的政府管理形态。战略绩效型政府模式在中外学者提出的政府模式丛林中，有望成为未来政府模式重塑的重要知识框架。在当代中国政府改革过程中，已经逐渐凸显了战略绩效型模式的特征。在"战略科学性"和"战略与绩效的一致程度"两个坐标构建战略—绩效矩阵中，战略绩效型政府模式克服了无效型、背离型和混乱型政府模式的弊端，力图将政府职能转化为战略价值、使命和目标，将政府治理转换为战略过程，将政府的产出转换为绩效的衡量，并提供集成式的可操作性的政府管理工具。

【关键词】政府模式；战略；绩效；战略绩效型政府模式

　*本文为国家自然科学基金"政府部门战略管理中的群体决策组织方式及其效果研究"（项目号：70775125）、国家社会科学基金青年项目（项目号：11CGL074）基于模糊理论的地方政府绩效评估的元评估指标体系研究的阶段性成果、中国财政发展协同创新中心项目"中国城镇化战略进程中的地方政府行为研究"（项目号：024050314002/004）。

　[作者简介] 赵景华，中央财经大学政府管理学院院长、教授、博士生导师。曹堂哲，中央财经大学政府管理学院副教授、硕士生导师。李宇环，中央财经大学政府管理学院副教授。

## 一　政府模式研究的议题与理论

威尔逊（Woodrow Wilson）的《行政学研究》（*The Study of Administration*）的发表被公认为是美国行政学诞生的标志。威尔逊尝试将欧洲君主主义的良好行政管理引入共和主义的美国。为此，威尔逊引用了布隆赤里（Johenn Kaspar Bluntohi）政治、法律与行政管理相区别的观点，进一步区分了宪法和行政、政治与行政，从而为行政学争取到了"学术话语权"，奠定了行政学作为独立的、具有自己内在规律的学科地位。威尔逊关注的核心问题是在共和主义和三权分立的制度设计之下，为何要引入、如何引入一种高效率的行政管理制度安排的问题。在威尔逊看来，这种高效的行政管理制度具有共同的特征："如果各种政府想成为同样有用和有效率的政府，他们就必须在结构上有高度相似之处。"寻求有用和有效政府的结构就是寻求一种政府模式。关于政府模式的研究成为公共管理学研究的永恒主题。

### （一）概念界定

模式是从行为和经验中总结出来的具有实践性、重复性和规律性的价值形态、行为形态和结构形态。政府模式是在政府公共管理活动中体现出来的具有实践性、重复性和规律性的特征。在公共管理学的研究中一些学者还使用"范式"、"典范"、"形态"等概念来表达政府模式的含义。

### （二）文献综述

国外关于政府模式的研究主要围绕两个议题展开：第一个议题是何谓有用和有效的政府，政府应该做什么，政府的价值和规范基础是什么，如何做正确的事情？第二个议题是达到有用和有效政府的结构是什么，政府如何组织、采用何种管理工具、才能实现公共价值，如何正确地做事？围绕这两个问题，公共管理学呈现出一幅政府模式更迭的壮丽画卷。先后出现了规范比较途径、组织 DNA 比较途径和问题解决手段的比较途径等政府模式的理论途径。本文将在这些政府模式的基础上提出"战略绩效型政府模式"，并将深入分析这些政府模式与战略绩效型政府模式的联系和区别。

改革开放以来，中国从高度集中一元化社会结构向政府、市场、社会组织多元主体社会结构转型，中国政府模式亦从全能主义政府模式向有限政府模式转变。与此相关，国内学者尝试从不同层次、不同角度、不同着眼点深入分析在这一转型过程中，形成的基于政府职能的政府模式理论、基于治理的政府模式理论和基于管理创新的政府模式理论。

1. 基于政府职能的政府模式理论

政府职能是政府的职责和服务，包括加强城乡公共设施建设，发展社会就业、社会保障服务和教育、科技、文化、卫生、体育等公共事业，发布公共信息等，为社会公众生活和参与社会经济、政治、文化活动提供保障和创造条件，努力建设服务型政府。政府职能转变行政管理体制改革的核心内容，亦制约着新型社会结构的形成和其他领域改革的推进。从政府职能的角度探讨政府模式，在当代中国政府模式的研究中具有相当的影响力。早在 2002 年朱镕基做的政府工作报告就提出"切实把政府职能转到经济调节、市场监管、社会管理和公共服务上来"。温家宝在随后历届政府工作报告中，对政府职能都持这一定位，并强调"加强社会管理和公共服务"。2004 年 2 月，温家宝《在省部级主要领导干部树立和落实科学发展观高级研究班上的讲话》首次提出了"服务型政府"的概念。2005 年温家宝在第十届全国人民代表大会第三次会议上所做的政府工作报告中专门论述了"努力建设服务型政府"的问题。2007 年胡锦涛在中共十七大报告中明确提出建设"服务型政府"。

国内学者张康之在 20 世纪 80 年代提出统治行政模式、管理行政模式和服务行政模式的基础上，2002 年论证了"统治型政府—管理型政府—服务型政府"的历史解释框架。国内的知名公共管理专家亦从不同的角度探讨了服务型政府概念的演绎、服务型政府提出的背景、服务型政府与政府改革的关系、服务型政府的理论基础、服务型政府的内涵、构建服务型政府的路径等问题。2003 年 SARS 危机期间，迟福林对这一危机背后隐藏的深层次体制问题进行了深入思考，率先提出政府转型由"经济建设型政府"向"公共服务型政府"转变。

2. 基于治理的政府模式理论

与政府职能转变相一致，当代中国政府自身建设的价值基点亦发生了根本性的变化。2004 年，温家宝在十届全国人大四次会议所做的《政府工作报告》中指出："要建立健全行政问责制，提高政府执行力和公信力。"2004 年 3 月，国务院发布的《全面推进依法行政实施纲要》提出了建设法治政府的战略安排。2008 年《国务院工作规则》提出，要努力建设服务政府、责任政府、法治政府和廉洁政府。"服务、责任、法治、廉洁"成为新型政府模式的基本特征。

在学术研究而言，政府职能的转变要求政府模式从"统治"转向"治理"，这催生了基于治理的政府模式理论研究的兴起。

俞可平教授在治理和善治理论的基础上，区分了传统基于统治理念的政府模式和基于治理理念的政府模式。与统治理念相比，治理理念强调社会治理的多元主体的合作、权力运行的多元和互动性、管理过程的网络化。基于治理理念的政府模式认为政府创新的基本特征可以归纳为合法性、透明性、责任性、法治、回应和有效六个方面。随后，俞可平教授从公民参与、人权与公民权、党内民主、法治、合法性、社会公正、社会稳定、政务公开、行政效益、政府责任、公共服务、廉洁12个方面界定了评价中国治理的基本框架。

治理研究中，对国家能力特别是国家汲取能力的研究是一个备受关注的领域。基于"一个国家的治理能力在很大程度上取决于它的预算能力"，很多学者从预算和国家转型的角度研究政府模式。王绍光、马骏认为在西方国家建设历史上，出现过两次重要的财政转型——从"领地国家"到"税收国家"再到"预算国家"。1978年经济体制改革以来，中国逐步从"自产国家"向"税收国家"转型。随着1999年启动预算改革，中国开始迈向"预算国家"。预算国家是采用现代预算制度来组织和管理财政收支的国家，它具有两个基本特征：财政集中和预算监督。随着国家成功地向预算国家转型，国家治理也变得更加高效而且负责。与"预算国家"相适应的政府模式成为诸多学者关注的话题。

3. 基于管理创新的政府模式理论

在政府职能发生转变，新型政府治理形态确立的基础上，很多学者开始将注意力集中在政府模式研究的第二个维度，即如何通过政府管理创新（组织结构、管理流程、工具等方面的创新）实现政府职能，达到政府的良好治理。这催生了关于政府战略与计划、组织与结构、领导和控制等管理问题的研究。在对这些问题的探讨中，国内学者受到新公共管理理论、企业管理理论、重塑政府的影响，尝试提出管理操作层面的政府模式。其中，从政府管理的"战略"与"绩效"两个环节入手，探讨政府管理模式成为众多学者关注的焦点，形成了两类政府模式即绩效导向型政府模式和战略导向型政府模式的概念。

1993年美国国会通过《政府绩效与成果法案》，在此背景下，美国学者凯瑟琳·纽科默等提出了绩效导向型政府（Performance-oriented Government）的概念。丘昌泰、刘旭涛、吴建南等亦提出了绩效导向型政府的概念。徐曙娜则对"绩效导向型的地方人大预算监督制度"展开了研究。

另有学者提出了战略导向型的政府模式。例如，英国学者杰克逊（Jackson）和帕尔默（Palmer）提出了基于战略框架的绩效管理模型，整合了战略管理和流程管理。美国行政学会（American Society for Public Administration，ASPA）的责任和绩效中心（Center for Accountability Performance，CAP）也开发出由环境分析、建立使命和愿景、设置目标体系、制定整合各种资源的行动方案、评估和测量结果、实施跟踪和监控环节逐级递进构成的政府部门绩效管理的战略模型。国内学者赵圣基介绍了韩国用户满意度和政府战略绩效模式发展情况及美国顾客满意度在韩国的引入经验。郝云宏、曲亮探讨了基于战略管理框架的政府绩效评估机理。谢凤华、彭国甫建立了基于战略能力的政府绩效评估体系构建研究。王群峰则探讨了政府部门的战略绩效管理模式问题，该模式包括绩效目标设计、绩效信息收集、绩效评价和绩效改进四个环节。胡税根、陈彪在总结福建模式和甘肃模式的基础上，提出了基于战略视野的省级政府绩效评估体系。柴茂探讨了平衡计分卡在地方政府战略管理绩效评估中的应用。李虹、蔡吉臣、刘晓平建立了基于战略成本管理的政府绩效评价体系。边晓慧从战略目标出发，结合政府战略的5C战略，提出了基于目标导向的政府战略绩效管理。方振邦、鲍春雷阐述了战略导向的政府绩效管理的动因、模式及特点，认为战略导向的政府绩效管理是"以一个系统的概念，将战略管理与绩效考核、组织绩效与个人绩效以及绩效管理中的各个环节有效地整合在一起，使各个构件共同发挥出整体的协同效应"。韩锋、诚然、刘丽在战略管理框架下提出了绩效管理系统评估与分析流程。王汝发建立了基于模糊分析的战略成本视角下的政府绩效评价体系。谢韩锋、田家林介绍了战略管理导向的政府绩效管理特点、效能及应用。上述关于战略导向的政府模式，源自企业管理领域的平衡计分卡，将平衡计分卡的思想运用于政府绩效评估和管理中。正如克鲁特（Louise Kloot）所言："直到1992年随着平衡计分卡财务、客户满意、内部流程和创新学习四个维度工具的发明，才使得绩效管理真正走向了战略性绩效管理。"从这个角度来看，战略导向型的政府模式和绩效导向型政府模式一样，工具色彩较为浓厚，并不着重关注战略选择、战略定位和战略内容本身等内容。本文提出战略绩效型政府模式尝试弥补这一缺憾。

综上所述，在中国政府模式转型的发展过程中，围绕政府职能、政府治理和政府管理等角度，学者们提出了多种政府模式。政府模式在各种期刊论文中俨然成了一个"时髦"的词语，政府模式的研究也陷入了"犬牙交错"、"你中有我"的局面，我们似乎陷入了"政府模式的丛林"，这也导致了很多政府模式容易陷入优势和劣势并存的尴尬。如绩效导向型政府模式容易陷入"绩效主义"的泥潭，容易忽视战略的正确性和战略的协同问题。战略导向型政府模式尽管强调战略与绩效之间的整体性，但是对战略本身的科学性缺乏关注，容易造成在错误的战略下越是战略导向绩效越差的悖论。

## 二  中国政府模式的新发展：走向战略绩效型政府

在实践中，中国政府模式与中国模式和中国道路相一致，也发生了深刻的转变。新中国成立后与计划经济相适应，中国建立了全能主义的政府模式。随着改革开放和社会主义市场经济的建立，有限政府、服务政府、责任政府和法制政府成为新时期政府模式建构的基本诉求。党的十八大和十八届二中全会以来，中国政府模式发生了深刻的变化。中共十八届三中全会确立了"完善和发展中国特色社会主义制度、推进国家治理体系和治理能力现代化"的全面深化改革的总目标。这一目标的确立，为中国政府模式的重塑提供了基本的参照，标志着中国政府模式的重塑迈向了一个新的高度。在战略领导、治理结构、绩效等方面，中国政府已经逐渐迈向了战略绩效型政府。

### （一）战略领导和协调机制

中国共产党十八届三中全会过后，为了深化改革，强化各个领域改革的协调一致，先后成立了若干个非常设性的领导小组。这些小组分别是国家安全委员会、中央全面深化改革领导小组、中央网络安全和信息化领导小组、中央军委深化国防和军队改革领导小组。上述小组的成立，是中国政府群体战略决策方式的重要变化，产生了凝聚力量、攻坚克难、推进改革的巨大作用。与此同时，通过调整、设立和改组已有的战略小组，强化各个领域战略领导能力和战略协调能力的重要举措。如在经济领域，中共十八届三中全会过后，中央财经领导小组在人员配备、决策制定等方面进一步强化了战略领导和战略协调能力。再如，在军事领域，据不完全统计，中共十八大以来，军队至少新成立了 5 个小组。除全军军事训练监察领导小组外，还有中央军委深化国防和军队改革领导小组、全军党的群众路线教育实践活动领导小组、中央军委巡视工作领导小组、全军基本建设项目和房地产资源普查工作领导小组。2013 年 6 月 20 日，经中央军委批准，全军基本建设项目和房地产资源普查工作领导小组召开第一次全体会议。2013 年 6 月 24 日，全军党的群众路线教育实践活动领导小组召开第一次会议。2013 年 10 月 30 日，中央军委印发《中央军委关于开展巡视工作的决定》，明确：为保证军队巡视工作有力、有序、有效开展，成立中央军委巡视工作领导小组。2014 年 3 月 15 日，习近平主持召开中央军委深化国防和军队改革领导小组第一次全体会议并发表重要讲话。2014 年 4 月 3 日，解放军总部下发通知，成立全军军事训练监察领导小组，设立办公室和部队训练监察组、院校教育督察组。这些具有战略领导与管理性质的小组的设立，强化了整体、领域和部门等层面的战略协同能力。

## （二）政府职能转变与多元主体治理格局

中共十八大以来，政府职能转变和行政审批改革的力度空前加强，截至 2013 年"国务院十年来分六批共取消和调整了 2497 项行政审批项目，占原有总数的 69.3%。"2013 年以来，"国务院先后取消和下放了 7 批共 632 项行政审批等事项。"行政审批制度的改革，为小政府大社会的形成提供了空间和前提。与此同时，政府强化市场和社会力量在治理中的主体角色，通过正式出台相关法律和规章，建立了公私伙伴关系（PPP）、政府购买服务制度，形成了国家治理多元主体的基本框架。财政部、民政部、工商总局近日联合发布《政府购买服务管理办法（暂行）》（以下简称《办法》），自 2015 年 1 月 1 日起施行。该《办法》根据《中华人民共和国预算法》、《中华人民共和国政府采购法》、《中共中央关于全面深化改革若干重大问题的决定》、《国务院办公厅关于政府向社会力量购买服务的指导意见》等法律文件制定而成，旨在进一步转变政府职能，推广和规范政府购买服务，更好地发挥市场在资源配置中的决定性作用。2014 年 12 月 2 日国家发改委发布了《关于开展政府和社会资本合作的指导意见》（发改投资〔2014〕2724 号），2014 年 12 月 4 日财政部发布《政府和社会资本合作模式操作指南（试行）》（财金〔2014〕113 号），随后又出台了相关政策，这些政策的出台为引入社会力量通过公私伙伴关系提升公共产品和服务供给能力奠定了基础。

## （三）通过预算管理和绩效管理强化战略实施

"毫不夸张地说，一个国家的治理能力在很大程度上取决于它的预算能力。""如果你不能制定预算，你就不可能治理。"（Wildavsky，1988）预算管理和预算能力的强化将为国家治理体系奠定基础，为国家治理能力的提升提供支撑。2014 年 8 月 31 日新《预算法》通过，并于 2015 年 1 月 1 日实施，新《预算法》的通过标志着政府预算绩效管理制度框架业已确立。新《预算法》确立了"建立健全全面规范、公开透明的预算制度"、"政府的全部收入和支出都应当纳入预算"等基本原则，提出预算绩效的概念，并对国库制度、财政转移支付制度、预算审查制度等相关预算制度做了新的阐释。新《预算法》所确立的原则、制度和机制为提升国家预算治理的整体性和协同性，为政府的整体性治理的制度框架奠定了基础。绩效管理也是政府在整体层面强化战略实施的重要工具。以监察部牵头的政府绩效管理工作部际联席会议、国务院引入第三方评估加强政策评价、国务院将重大政策纳入审计范围为标志，中国进入了绩效制度建设的快速发展期，并逐步形成了覆盖政策、资金、项目、机构、人员的战略性绩效管理体系。

基于上述考虑，本文尝试从公共部门战略管理的视角出发，建构战略绩效型政府模式。战略绩效型政府模式是众多政府模式中的一种，这种政府模式是一种以环境复杂性、多样性和变化性为前提，以有效地提供、增进和创造公共价值为根本宗旨，以战略、执行和绩效的整体性和协同性为特征，以有效、有用解决当代社会面临的公共事务为指向的政府形态。战略绩效型政府模式是在管理层面上提出的政府模式，与职能层面上的公共服务型政府模式、治理层面上的治理型政府模式并不矛盾，而是力图将政府职能转化为战略价值、使命和目标，将治理转换为战略过程，将政府的产出转换为绩效的衡量，形成可操作性的政府管理模式。同时战略绩效型政府模式尝试克服绩效导向型政府模式和战略导向型政府模式的可能缺陷。

## 三　战略绩效型政府模式的类型学分析

战略绩效型政府模式可以使用战略—绩效矩阵对其进行定位。

### （一）战略—绩效矩阵下的政府模式分析

类型学（Typology），或称作分类学（Taxonomy），即研究者结合两个或两个以上单一维度的简单概念，然后由简单概念的交叉形成新的概念。新形成的概念或类型表现出存在于简单概念之间的复杂交互关系。类型学分析的关键是找出分析对象的两个或两个以上本质性特征，然后形成交叉分析矩阵。本文基于理论和实践的考虑，使用"战略科学性"和"战略与绩效的一致程度"两个坐标构建战略—绩效矩阵（见图1）。

在这个矩阵中，纵坐标是战略的科学性程度，战略的科学性程度可以使用战略决策的正确性、战略协同度、战略价值认同度、战略的公共价值、合法性、责任性等指标进行衡量。在新时期，能够体现科学发展观的战略就是科学性程度高的战略，否则是科学性程度低的战略。横坐标是绩效与战略的一致性程度，可以使用战略目标与绩效结果之间的差距来衡量。根据战略—绩效矩阵，可将战略科学性高、绩效与战略一致性高的政府模式称为"战略绩效型政府模式"。这种政府模式既注重做正确的事情，亦注重正确地做事。战略科学性低、绩效与战略一致性高的政府模式称

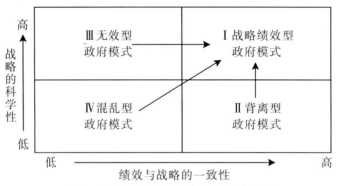
图1 政府模式划分的战略—绩效矩阵

为背离型政府模式,这种政府模式忽视战略,甚至在错误的战略、非科学发展战略的指导下,追求高的绩效。这种政府模式在实践中是比较常见的,如一些地方政府不顾环境承载力的过度开发、对环境资源的透支性利用、单方面注重经济发展而没有很好地平衡经济社会发展之间的关系、关键稀缺资源的争夺、重复性的投资建设、出台保护性的政策等,造成了地方利益、部门利益和局部利益,牺牲公共利益和长远利益等现象。无效型政府模式是战略正确性程度高,而绩效与战略一致性程度低的状态,造成这种现象的根本原因是政府执行力低下,虽然制定了好的战略,虽然政府以战略为导向,但是由于利益、体制、机制等因素,造成了政府执行力低下。这种政府模式的典型特征是光谈战略,而忽视结果。混乱型政府模式既没有制定正确的战略,其绩效与战略也严重偏离,政府管理处于混乱的局面。如果战略导向型政府模式忽视执行力,很容易沦为无效型政府模式,如果绩效导向型政府模式不能确保绩效与战略的一致性,则会沦为背离型政府模式。总之,Ⅱ、Ⅲ、Ⅳ三种政府模式都存在各自的局限性,需要向战略绩效型政府模式转变。

## (二)战略绩效型政府模式兴起的必然性

战略绩效型政府模式是公共管理理论和实践发展的必然结果,促使其兴起的主要因素如下所述:

1. 政府管理环境变得日益动荡

20世纪以来,随着科学技术和生产力的迅猛发展,人类社会的科技、经济、政治、社会和文化都发生了深刻的变革。20世纪末期,人类开始进入了信息化、全球化和多元化的时代,特别是20世纪末期,随着信息革命的推进,人类社会的生产力和生产关系发生了根本性的变革,与此相关,经济、政治和社会组织及管理方式也发生了根本性的变化。政府面临复杂性(Complexity)、动态性(Dynamic)与多样性(Diversity)的环境,加上国家权威的逐渐解构、公民社会和第三部门等民间势力的兴起，政府出现了具有难以治理性（Ungovernability）的问题，政府急需一种新治理（Modern Governance）模式，应对政府环境的根本性转变。企业战略管理学家安索夫指出，战略管理与以往经营管理的不同之处在于：战略管理是面向未来动态地、连续地完成从决策到实现的过程。因此，安索夫认为企业战略的核心应该是：弄清你所处的位置，界定你的目标，明确为实现这些目标而必须采取的行动。安索夫认为企业生存由环境、战略和组织三者构成，只有当这三者协调一致、相互适应时，才能有效地提高企业的效益。事实上，政府管理亦是如此，20 世纪末期社会发展和变革速度的加快，使政府日益陷入"动荡"的环境中，政府需要在动荡的环境中明确自己的角色、界定自己的目标，形成战略思维，运用恰当的战略管理工具实现政府的有效治理。

2. 公共部门战略管理学的兴起

在西方，"strategy"一词源于希腊语"strategos"，意为军事将领、地方行政长官。后来成为军事专用术语，指军事将领指挥军队作战的谋略。20 世纪 60 年代，战略思想开始运用于商业领域，并逐渐发展成较为完备的、具有实践指导意义的企业战略管理理论体系。公共部门治理和管理环境的变迁，催生了被传统公共行政威尔逊—韦伯范式长期排除在外的新领域：公共部门战略管理的勃兴。20 世纪 80 年代之前，以沃特曼（M.S.Jr.Wortman）为代表的学者认为公共部门和非营利部门不存在战略管理。进入 20 世纪 80 年代，在波泽曼（Barry Bozeman）、瑞和皮特（Peter Smith Ring and James L. Perry）等的倡导和论证下，公共部门战略管理从私营部门战略管理的研究中独立出来，经过数十年的发展，逐渐发育成为一门具有独立地位的公共管理分支学科。自 20 世纪 90 年代开始，一大批公共部门战略管理总论性专著和教材相继出版，逐渐形成了公共部门战略管理的理论和学科体系。在公共部门战略管理的研究者看来，假如环境是同质的、没有变化的、单一的，那么就不存在战略类型和战略管理问题。正如纳特（Paull Nutt）和巴科夫（Robert Backoff）所言："战略之所以引起当今富有远见的管理者的注意，是因为它探讨这样一个重要问题：组织如何定位以面对越来越不确定的未来。"战略视角的核心是从环境的开放、复杂、不确定等方面来审视政府管理问题，这是战略绩效型政府提出的前提和学科基础。

3. 传统政府管理模式的挑战

20 世纪 40 年代之前，与工业社会相适应的威尔逊—韦伯范式以"政治—行政二分；行政系统是一个封闭系统；行政原则是普遍的；行政追求效率，具有工具理性的属性"作为塑造政府模式的前提。随着行为主义在社会科学研究中的兴起，20 世纪 40 年代中期西蒙（Herbert Simon）的有限理性决策理论动摇了威尔逊—韦伯范式的理性基础；20世纪40年代末，达尔（Robert A. Dahl）、沃尔多（Dwight Waldo）等则动摇了威尔逊—韦伯范式的价值基础。20世纪50年代，与人类社会从工业社会向后工业社会迈进的步伐相一致，社会日益变得复杂和动态，政府治理也日益处于开放、复杂和动态的环境之中，诞生在封闭系统假设前提基础上的威尔逊—韦伯范式显然已经不能在政治、经济、社会和文化等方面为政府的优良治理提供学术支持。于是政府模式开始发生多方面的转换，这种转换的核心是寻求威尔逊—韦伯范式的修正和替代。沃尔多的民主行政、新公共行政范式、多中心治理范式、新公共管理范式、新公共服务范式、治理范式等相继兴起，政府模式的研究进入了范式竞争和群雄角逐的时代。上述理论范式对政府模式的分析有其自身的逻辑，但对传统官僚制范式的改造和重塑上，他们的思路是一致的，换言之，跳出传统公共行政学的认为官僚结构是唯一的组织形式的思想，从战略选择的视角探究公共管理组织形式的多元化，从官僚管理的过程取向走向绩效和结果取向是上述理论范式的重要特征。传统政府管理模式受到的挑战，为战略绩效型政府模式的生长提供了土壤。

### 4. 从新公共管理到整体政府

20世纪80年代，西方社会为了应对政治、经济和社会文化环境的激烈变革，兴起了以"新右派意识形态"为指导的"撒切尔主义"和"里根革命"，这场具有战略性、宏观性公共政策转折意义的激烈变革，不仅深刻地影响到20世纪后30余年世界政治、经济走向，亦带来公共部门治理和管理理念、战略、制度等方面的巨大变迁，"新公共管理"运动和"重塑政府"运动成为20世纪70~90年代公共管理学术话语中的"制高点"。整体政府模式的研究起源于对新公共管理的局限性的反思。20世纪70年代末英国的"撒切尔革命"开始了以重新界定政府与市场边界为基础，以政府内部管理理性化为基本特征的新公共管理运动，新公共管理运动在原有宪政架构的基础上对行政机构运作中的决策与执行之间的关系进行了革命性的调整，形成了一场"管理革命"。这场革命的核心内容之一是将决策机构和执行机构分开，设立独立的执行局，建立多样化的执行机构，同时引入契约管理和合同管理，推行适距控制和绩效评估。这场管理革命使得政府内部的竞争超过了合作，分散超过了集中，企业精神超过了官僚精神，形成了所谓的碎片化局面（Fragmentation）和部门主义（Sectionalism of Officialdom）。英国政府现已面临挑战，长久依功能划分的部会组织处在高度分立的状态，因为缺乏协调，难以面对复杂的问题，公共服务产生许多瑕疵。在英国，1997年奉行中间偏"左"路线的工党上台后，对撒切尔政府的过度偏"右"的新公共管理改革进行了修正，用治理理念弥补了新公共管理的"企业"理念，其中，"把政府连接起来"（Joint-up Government）的改革方略就是一个重要的举措。"把政府连接起来"强调政府部门的战略协作，以便共同实现特定的政策目标，弥合机构之间的缝隙，从而有效地、全面地、公平地提供公共服务。事实上，协同问题不光是英国政府面临的问题，亦是世界各国政府共同面临的公共管理的核心问题之一。对于这一问题的解决，加拿大随后发起了"同业协作政府"（Horizontal Government）改革，澳大利亚发布了"联合政府报告"（The Connecting Government Report），新西兰则启动了"整体性政府"改革（Whole-of-Government）。重视政府的协同问题，以"整体性政府"作为改革的途径（The Whole-of Government Approach），开始在英语系及欧陆国家盛行。整体政府的崛起促使政府战略管理从新公共管理时代的"战略工具选择时代"迈入了政府战略管理的"战略协同和战略管理时代"，新时代需要环境、战略、结构和绩效的互动，形成战略绩效型的政府模式。

## （三）战略绩效型政府模式的特征

战略绩效型政府模式具有以下基本特征：

1. 重视战略，做正确的事情

战略绩效型政府的前提是根据环境的复杂性、多样性和动态性制定正确的政府战略，做正确的事情。重视战略，做正确的事情包含以下几方面的含义：

（1）追求公共价值。重视战略意味着战略制定必须充分体现战略的公共性价值，以参与、回应、民主、公平、公共服务、良好治理等价值为基本规范性价值。治理理论、新公共参与、新公共服务和整体政府的理念、过程、组织和管理工具为战略协同型政府模式奠定了规范性的理论基础。

（2）正确的战略定位。战略定位是战略制定的前提，在企业管理中战略定位就是将企业的产品、形象、品牌等在预期消费者的头脑中占据有利的位置，它是一种有利于企业发展的选择。对于政府而言，战略定位显得更为复杂，是政府公共服务、政府形象和政府行为受到利益相关者的支持度和回应度。政府需要在公民、政党、集团、媒体等多种利益相关者中做出权衡，正确处理好与各利益相关者的关系，实施利益相关者管理，确保战略定位的正确合理。

（3）科学的战略内容。战略内容是政府核心价值、使命和目标的反映，也是政府决策科学化和决策民主化程度的反映，形成科学的战略内容，是实施战略绩效管理的前提。

（4）强调战略协同。随着经济社会和科技的发展，政府所面临的问题形式日益复杂，结构不良问题、联合性问题、动态性问题、跨域问题、协作性问题、不确定性问题、动态性问题等使得按照职能划分的政府部门总是难以应对，需要进一步强化战略统筹和战略协调能力，形成有效的战略协同。通过设置战略性的专业委员会，如战略与决策委员会、绩效考核委员会、经济发展委员会、预算与管理委员会等方式可以强化战略统合和战略控制能力，建立整体政府，实现协同。例如，1996 年，桥本内阁开始推行一系列行政改革，桥本内阁之后，1998 年日本制定了中央省厅改革基本法，1999 年制定了各省厅的设置法，1999 年制定了《内阁法修正案》和《建立内阁府的法案》，2001 年 1 月新的中央省厅开始运作。这些法案的核心在于强化内阁的功能，强化内阁的战略协同、事前协调、计划和规划、决策对执行控制的功能。强调战略协同是战略绩效型政府的主要特征。

2. 重视战略要素、结构和过程的协同，提高正确做事的执行力

战略的实现需要合理配置各种资源，实现人、财、物、信息、时间的协同；需要建立适当的组织结构，形成合理的管理过程。战略要素、结构和过程的协同能有效地提高正确做事的执行力。战略要素、结构和过程的协同主要包括以下几方面：

（1）决策执行和监督的协同。决策、执行和监督（控制）是管理过程（职能）的三个基本环节。决策和计划含义接近，指做出决定和设计方案。执行则是实施计划和决策。监督和控制则是纠正实施过程中偏离计划设置的目标。决策、执行和监督三种职能的协同是管理学研究的核心问题之一。

（2）职能与结构的协同反映了职能和结构相匹配的原理。职能是政府需要履行的职责和任务。结构则是实现这些职能的组织载体。从系统设计的角度来看，职能是政府的"功能"，机构设置则是"结构"。要素的结构组合形成特定的功能。政府的职能可以通过工作分析加以科学化，在工作分析的基础上，得出优化的职能结构，在职能结构的基础上设计组织架构，即职能与结构协同的基本原理。这一原理包括三个逻辑环节：第一，分工与政府职能的界定。第二，工作分析与职能结构优化。第三，职能结构与组织（机构）结构的匹配。

（3）横向部门协同和纵向层级协同。这两种协同关系都是建立在职能—结构协同的基础之上的。部门间的协同指战略实现过程中，政府各个部门之间的协调、整合和一致。层级之间的协同则指中央政府与地方政府、地方政府之间通过协商、缔约、战略联盟、签订框架协议等行为共同努力合作实现公共目标的行动、程序和制度。

（4）嵌入协同。在公共管理过程中，政府与其他组织、公民个人之间通过建立伙伴关系、协商和对话、达成共识、签订合约等合作方式，努力共同实现公共目标。嵌入协同反映了政府与企业、市场、第三部门和公民个人之间的关系模式。

（5）信息资源协同。信息资源协同要求组织各个部门之间形成信息共享机制，通过知识管理和电子政务实现公众、环境和组织内部信息的综合集成。

（6）流程再造。政府流程再造的实质是政府职能与政府结构之间的匹配和协同关系。这里的政府结构包括政府的组织结构、人员结构、信息结构、权力结构、责任结构、财务结构、监督结构等内容。流程再造借鉴工商管理中流程的概念，将这

些结构通过动态的过程统一起来。无缝隙政府、重塑政府运动、政府部门的全面质量管理等都体现了流程再造的思想。

3. 重视战略与绩效的一致性，确保正确地做事

战略与绩效的一致性包括以下几方面的含义：

（1）战略绩效评价指标内部的一致性。战略绩效评价指标之间应该协同一致，妥善处理一些相互矛盾的指标，如 GDP 指标与环保指标就存在潜在的冲突。可以通过赋予不同的权重、改进评估方式、引入新的评估参与者等方式保持指标之间的一致性。

（2）战略绩效指标与战略之间的一致性。如果战略管理系统不能确保战略与绩效的协同会导致战略的落空，就有必要建立合理的绩效评价和绩效结果使用制度，将绩效评价和绩效结果与下一步的战略改建结合起来；在战略执行过程中，建立中期评估、绩效监控和绩效预警机制，在动态调试中确保战略的实现。在绩效评估过程完成后，建立元评估制度，对评估的方法和程序本身进行审视和反思，以便获得更有效的战略评估结果。

（3）战略绩效与公众评价的一致性。衡量战略管理绩效和成果除了客观的经济效率和效益指标以外，公共服务的质量和满意度是重要的指标。通过"政务超市"、"一站式服务"、"政府大厅"、"服务热线"等电子化的、集中式的服务机制，改变分散的、部门化的、碎片化的公共服务方式，增加政府服务的回应性、责任性、透明性和便捷性可以有效地在实现节约的同时提高公众的满意度。利用平衡计分卡（BSC）、目标管理、关键指标（KPI）、绩效棱柱等工具，促进战略绩效型政府的实现。

## 四　战略绩效型政府模式与西方政府模式的比较分析

在西方，关于政府模式的学术研究最初属于政治学的范围，可以追溯到亚里士多德、波利比阿（Polybius）等的政体（或政制）学说。随后的学者，诸如马基雅维利、霍布斯、洛克、孟德斯鸠等都提出了各自的政府模式理论。政治学中的政府模式研究从城邦或者国家"应该"和"如何"治理的角度展开，其对象是整个国家。在公共管理领域，政府模式仅指行政权力分支的模式。在传统公共行政看来，威尔逊—韦伯模式是最优的政府模式，不存在政府模式的类型化研究。里格斯（Fred Riggs）是第一个较为系统地进行政府模式类型学研究的学者，他开创了环境特性的历史比较途径。随后先后出现了规范比较途径、组织 DNA 比较途径和问题解决手段

的比较途径等。这些途径从不同的角度刻画了不同政府模式的不同特征。战略绩效型政府模式是一种在环境、规范、组织 DNA、问题解决等方面都以战略和绩效为着力点的政府模式。与上述模式存在一定程度的联系，亦存在区别。

## （一）西方政府模式研究的基本途径

### 1. 环境特性的历史比较途径

威尔逊较早意识到政府模式的环境差异，他认为将君主制的行政原则引入共和制的美国，导致的权力滥用的倾向可通过公共舆论、法治和民主政策的原则加以制约。达尔则较早地倡导公共行政的历史比较研究。里格斯是第一个系统地将传统公共行政理论忽视的环境变量引入、根据环境的差异对政府模式进行类型化研究的学者。里格斯将政府环境划分为：经济因素、社会因素、沟通网、符号系统和政治架构，由于环境的差异，政府模式可分为溶合的（Fused）、棱柱的（Prismatic）、绕射的（Diffracted）三种类型。里格斯奠定了政府模式类型学研究的基本方法，即根据比较变量的差异，对政府模式进行类型划分。里格斯开创了从环境的历史性差异研究政府模式的研究途径，奠定了比较行政学的基础。

### 2. 规范性比较途径

实证研究与规范研究的区分起源于人们对真理与价值、真与善、"实然命题"和"应然命题"之间区别的划分。20 世纪 60 年代，达尔（Robert A. Dahl）、沃尔多（Dwight Waldo）等是首倡公共行政价值规范研究的学者。按照价值规范的差异，沃尔多将政府模式区分为官僚制模式和民主行政模式。随后的学者基于不同的规范形成了多种类型的政府模式理论。可以用表 1 总结规范性比较途径对政府模式的分类。

表 1  以规范为基础的政府模式比较

| 开始时间 | 政府模式 | 规范基础 | 实证理论 |
| --- | --- | --- | --- |
| 1887 年 | 威尔逊—韦伯政府模式 | 经济和效率 | 科学管理、一般管理 |
| 1946 年 | 行政科学政府模式 | 价值中立 | 西蒙的决策理论 |
| 1948 年 | 达尔和沃尔多的民主行政理论 | 民主价值 | 美国政治史 |
| 1968 年 | 新公共行政政府模式 | 公平 | 组织理论 |
| 1973 年 | 奥斯特罗姆的民主行政和多中心治理政府模式 | 民主和多元 | 制度经济学、组织理论等 |
| 1979 年 | 新公共管理政府模式 | 经济效率和效益 | 新制度经济学、委托代理理论等 |
| 20 世纪 90 年代 | 治理的政府模式 | 治理 | 复杂性科学、系统科学 |
| 21 世纪 | 整体政府模式 | 协同 | 协同论、涂尔多的分工理论 |

资料来源：笔者整理。

### 3. DNA 比较途径

戴维·奥斯本（David Osborne）和彼德·普拉斯特里克（Peter Plastrik）在《摒弃官僚制：政府再造的五项战略》中指出："公共体制是一个生存、成长、随着时间变化而变化及消亡的复杂的适应性系统。有机体是由其 DNA（即决定有机体的性质和状态的编码指令）决定的。改变有机体的 DNA，就可以导致其不同的能力与行为；在足够程度上改变 DNA，则可以演进为另外一种有机体。公共部门 DNA 最基本的要素就是体制目标、激励机制、责任机制、权力结构和组织文化等杠杆因素。"DNA 是非常形象的说法，DNA 概括了政府模式的几个基本构成要素。不同学者基于不同的视点分析，概括出了不同的 DNA 要素，并根据 DNA 的差异，提出了不同的政府模式。DNA 比较途径中有代表性的观点如下：

（1）5C 战略。戴维·奥斯本和彼德·普拉斯特里克认为公共部门 DNA 最基本的要素就是"体制目标、激励机制、责任机制、权力结构和组织文化等杠杆因素"。

（2）经验诊断和分析的观点。经验分析学派以 B.盖伊·彼得斯为代表，他在《政府未来的治理模式》中通过对传统公共行政模式的弊端进行诊断式分析，认为传统公共行政模式存在"垄断、层级节制、永久性、内部管制"四大弊端，这四大弊端使得官僚制政府模式不能适应后工业社会对政府治理的要求，需要建立一种新的政府未来治理模式，即市场式政府、参与式政府、弹性化政府和解制式政府。这些政府模式在结构、管理、决策和公共利益等方面存在差异。经验诊断学派的研究以传统公共行政学的问题为出发点进行分析，分析视野中不涉及政府所处的环境特征，更多地强调组织的结构和管理。

（3）新公共管理和治理内部的集中模式。英国学者费利耶（Ewan Felie）等在《行动中的新公共管理》一书中认为，在当代西方政府改革运动中，至少有过四种不同于传统的公共行政模式的新公共管理模式，它们都包含着重要的差别和明确的特征，代表了建立新公共管理理想类型的几种初步的尝试：效率驱动模式、小型化与分权模式、追求卓越模式、公共服务取向模式。美国学者库珀（Phillip Cooper）和我国学者王海龙则认为新公共管理的核心是"合同型政府"。Rbodes 认为，治理至少包括最小限度的政府、公司治理、新公共管理、好的治理、社会控制论系统、自组织网络和组织间网络几个方面。这些研究都是根据某些组织的 DNA，对政府模式进行分类的尝试。

### 4. 问题解决手段的比较途径

问题解决手段的比较途径在分析政府模式时，将政府模式看作是解决公共管理问题的手段，根据问题性质的差异，设计相应的政府模式加以解决。尽管该途径在公共行政学历史上有悠久的历史，特别是政策工具和政府工具的研究者已经较为详尽地研究了政府针对不同问题所使用的政策工具和政府工具，但是政策工具和政府工具的研究者少有根据政府工具的组合方式理解政府类型。整体政府的研究则是从问题解决手段组合的角度对政府模式进行分类的代表。整体型政府的研究首推希克斯（Perri）、威尔金森（David Wilkinson）、阿普尔拜（Elaine Appelbee）等所做的开创性的研究。希克斯（Perri）针对新公共管理改革的困境和问题，提出使用整体型政府（Holistic Government）、预防型政府（Preventive Government）、文化变革型政府（Culture-changing Government）、结果导向型政府（Outcome-oriented Government）作为政府再造的新原则。他认为着重协调与整合的整体型政府，是新一波政府改造的核心议程。在希克斯看来，政府由许多机关所组成，任何国家或社会，只要不是无政府或割据状态，必然会以某种方式联合成一个政府，即联合型政府（Joined-up Government）。根据解决问题的目标和手段的差异可将政府的连接模式划分为四种类型（见图2）。

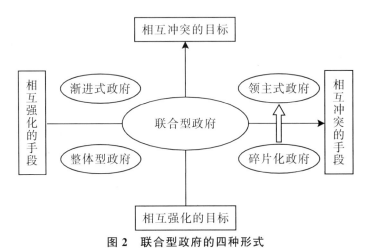

**图 2　联合型政府的四种形式**

资料来源：Perri D. Leat，K. Seltzer，G. Stoker. *Towards Holistic Governance*：*The New Reform Agenda* [M]. London：Palgrave Press，2002.

第一，整体型政府（Holistic Government）：指政府机关组织间在充分沟通与合作下，达成有效的协调与整合，彼此的政策目标能连贯一致，政策执行手段能相互配合，创造相互强化的效果，达到"合作无间"的结果。

第二，渐进式政府（Incremental Government）：指机关间目标相互冲突（Conflicting Objectives），执行手段上则相互强化（Mutuallyreinforcing）。因为相互冲突的目标，使得彼此合作的成效是有限的发展，参与的机关组织采取"应付过去"（Muddling Through）的态度，或摸着石头过河的方法。

第三，领主式政府（Baronial Government）：当机关间目标及执行手段相互冲突时，会产生缺乏中央政府统合的无治理（No Governance）状态，即领主式政府。领主式政府中各机关自私自利、各自为政。

第四，碎片化政府（Fragmented Government）：指机关间有共同或相近目标，却缺乏相互沟通与合作的管道，致使机关间执行工具与手段呈现相互冲突的情形，甚至导致地盘争夺战（Turf Wars）。

## （二）西方政府模式与战略绩效型政府模式的比较分析

上述关于政府模式的研究为战略绩效型政府模式的研究提供了理论基础，但也存在相应的区别。

环境特性的历史比较途径侧重政府环境的分析，并找到了影响政府模式的环境变量。这一思想与战略绩效型政府模式强调政府战略环境分析的思路是一致的。战略绩效型政府模式需要借鉴生态行政学思想，开发出更多的战略环境分析工具，为政府战略的定位提供基础。

规范性比较途径侧重政府的价值分析，并根据历史的发展，提出了政府价值的不同追求，战略绩效型政府将根据环境的变化，选择合适的价值。可以认为规范性比较途径是战略绩效型政府模式战略价值选择的备选方案。

DNA 比较途径尝试寻找政府运转的基本构成要素，对于战略绩效型政府模式而言，寻找做正确事情和正确做事情的组织 DNA 可以增强战略的科学性、绩效与战略一致性，从这个角度而言，DNA 比较途径是建构战略绩效型政府模式的重要理论参考。

问题解决手段的比较途径使用目标和手段两个维度区分出四种政府模式，其中整体性政府模式具有相互强化的目标、相互强化的手段的特征，但是相互强化的目标如果是不科学的战略目标，那也可能会导致绩效的失败。在战略绩效型政府模式中，不仅强调目标的相互强化，而且强调根据环境的变化制定正确、科学的目标，强调在相互强化的手段之下，获得整体性增效型的绩效。

总之，战略绩效型政府模式既是一种政府理念，也是一种通过战略和绩效两个关键要素之间的协同关系，获得公共利益的政府管理过程，还是集成战略管理和绩效管理的操作手段。表 2 从环境特征、组织内部特征、问题解决手段、规范特征、问题特征和总体特征几个方面比较了官僚式政府、新公共管理政府模式和战略绩效型政府模式的异同，战略绩效型政府模式有望成为未来政府模式重塑的重要知识框架。

表 2　战略绩效型政府模式的知识框架

| | | 官僚式政府 | 新公共管理政府模式 | 战略绩效型政府模式 |
|---|---|---|---|---|
| 理论兴起的时间 | | 20 世纪之前 | 20 世纪 80 年代 | 21 世纪初 |
| 环境特征 | | 线性的、工业时代 | 动荡的环境 | 复杂的环境 |
| 组织内部特征 | 公共利益 | 官僚利益 | 公共利益 | 公共利益 |
| | 权力 | 自上而下 | 分权化 | 权力制约和协调 |
| | 决策 | 层次节制 | 强化决策 | 战略决策 |
| | 协调 | 高层协调 | 契约 | 战略协同 |
| | 组织 | 官僚组织 | 独立执行机构 | 以战略整合组织结构 |
| | 绩效标准 | 照章办事 | 执行中的竞争 | 战略导向的绩效 |
| 问题解决手段 | | 依法行政 | 合同、契约等 | 战略管理工具 |
| 规范特征 | | 工具理性 | "看不见的手" | 战略导向 |
| 问题特征 | | 结构良好 | 结构中度 | 结构中度和不良 |
| 总体特征 | | 机械式运转 | 私有化和市场化 | 战略性、整体性和协同性 |

资料来源：笔者整理。

## 五　迈向战略绩效型政府模式

　　中国政府已走在行政体制改革的十字路口，要选择正确的改革方向，需要抓住政府管理过程中的关键点。战略绩效型政府模式强调管理过程中的战略制定和绩效实现，既关注战略目标的科学性，也关注绩效结果与战略的一致性。有效的政府模式应该是由低科学性、低一致性向高科学性、高一致性的方向转变，即"混乱型"、"无效型"和"背离型"模式都将转向"战略绩效型"模式。要实现政府模式的转变，既需要政府制定正确的战略，同时也需要政府最终的绩效结果与战略保持一致。

　　要实现从"混乱型"、"无效型"、"背离型"政府模式向"战略绩效型"政府模式转变需要政府既要做正确的事（制定科学的战略），又要正确地做事（保证与战略一致的绩效目标的实现）。政府能否"做正确的事"取决于诸多因素，但最重要包含两个方面：第一是要有科学民主的决策机制；第二是运用科学的决策方法。而政府能否"正确地做事"考验的则是政府的执行力。政府执行力的高低主要取决于实现政府职能的结构安排。按照"结构—功能主义"的原理，如果说政府管理过程的两极是战略和绩效，那么架起这两极的桥梁即是结构，它包括政府机构的设置、政府职能的转变、政府的决策机制、政府官员的素质、领导班子结构、政治文化及信息技术等要素。要实现向战略绩效型政府模式的转变，就需要依据环境的变换，调整组织结构系统，使之符合战略目标以及预设达到的绩效结果。

## （一）由"背离型"向"战略绩效型"政府模式转变

"背离型"政府模式在一个科学性较低的战略前提下努力实现绩效与战略的一致性，其绩效结果与战略越一致，也就越背离科学发展目的。这类政府模式存在的问题不在于战略的执行绩效，而在于如何制定符合客观规律的正确战略，政府实践中不乏这样的现象。过去30年，中国的发展战略是以经济建设为中心，一切有利于促进经济发展的活动都受到鼓励和认可，不管这些活动是否影响了人们的生活质量、是否导致了环境污染、是否损害了部分群体的利益。在经济增长目标的推动下催生了唯GDP论英雄的绩效考核办法。各省、各地区争先恐后招商引资、变卖土地、重复建设、豆腐渣工程屡禁不止。根本原因不是地方政府的执行力低下，而是指导绩效考核的整体战略没有遵循经济社会的发展规律，盲目追求高速经济增长，忽视了与之相配套的基础设施、社会保障、文化建设及科教发展等其他方面，在这种不符合科学发展的战略指导下，必将出现一系列社会问题。这类政府模式向"战略绩效型"管理模式转变的关键在于如何制定符合经济社会以及自然发展规律的正确战略，是关系到如何"做正确的事"的问题。战略制定与政府决策是不可分割的，要保证政府决策的科学化、民主化和规范化，需要在健全行政决策机制、完善行政决策程序、建立健全决策跟踪反馈和责任追究制度、引入科学方法完善决策质量、提高决策信息的完备程度等方面进一步努力。

## （二）由"无效型"向"战略绩效型"政府模式转变

"无效型"政府模式虽然根据客观实际制定了较为科学的战略规划，但是由于绩效考核指标与战略目标的对接出现脱节，使得战略执行难以达到战略目标预设的实施效果，因此是一种无效的管理模式。例如，"我国国民经济和社会发展'十一五'规划纲要"的编制，就体现了"阐明国家战略意图，明确政府工作重点，引导市场主体行动"的战略性思维。但是有了好的战略规划并不能保证其转化为有效的战略行动，获得有效的绩效结果。当前，我国政府绩效管理还处于起步阶段，虽然不同层级的政府及其部门都有相关的个人绩效考核、组织绩效考核及其他方面的考核办法，但尚未形成系统成熟的体系，考核的随意性、主观性、阶段性较大，难以正确引导政府官员朝着战略目标的方向努力，由此出现了绩效与战略的脱节。中共中央在2003年就提出了"坚持以人为本，树立全面、协调、可持续的发展观，促进经济社会和人的全面发展"的科学发展观。但现实中，科学发展观所倡导的"协调发展"、"持续发展"、"绿色发展"的理念却没有得到很好的贯彻落实。有的依然把"发展是硬道理"简单地理解为"增长是硬道理"，有的依然把"以经济建设为中心"视为"以速度为中心"，还有的不惜以牺牲资源、环境为代价追求产值，甚至弄虚作假，"贪大求洋"，热衷于发展"政绩工程"、"形象工程"。《中国新闻周刊》调查发现，有些地区的考核，呈现中央与地方不一致的现象。如陕西省岚皋县是南水北调的水源涵养地，被中央划定为限制工业开发区，但要完成上级政府安康市的考核指标，又不得不发展工业，还要发展高耗能的工业。这种上下矛盾的考核项目，在很多地方尤其是落后山区仍然存在。

要实现"无效型"向"战略绩效型"政府模式的转变，不能单纯地依靠绩效考核体系的转变，更需要对保障战略有效实施的各种相关政策、措施进行调整，以保证绩效目标与战略目标的一致性。对应于建立整体政府的要求，要最大化地实现绩效与战略的一致，就要以组织使命为核心，将绩效目标与战略目标相结合，通过制定绩效、监控绩效、评价绩效、调整绩效四个环节的闭合循环管理，合理分配组织资源、有效划分事权—财权，全面构建激励约束机制，从而保障符合战略目标的绩效管理体系顺利运转。

## （三）由"混乱型"向"战略绩效型"转变

"混乱型"政府模式既没有制定科学战略的能力，更没有与战略一致的绩效管理。因此，要实现向"战略绩效型"政府模式的转变，首先要解决的问题是使其高层领导者认识到自身存在的问题，然后才开始考虑如何"做正确的事"和如何"正确地做事"。要使处于"混乱型"政府模式中的领导者认识到问题的严重性，首先需要上级政府的监督。通过下级向上级报告自己的工作情况，实现上级对下级行使行政管理职权的监督。对下级政府存在的严重问题要及时通报并提出解决办法。如撤换领导人，责令被监督对象予以纠正或者实施相应的行政处分。其次，借助外脑的力量评估政府存在的问题。政府智库在政府的政策制定和企业经营决策中扮演着重要的角色，智库着眼于长远的和宏观的分析，善于提出具有前瞻性的战略建议，智库相对独立于政府机构，可以比较客观地对政府的现状进行评估，从而提出政府改革的总体思路和框架性建议。通过智库的力量，可以帮助"混乱型"政府认识到自身的问题，促进"混乱型"向"战略绩效型"政府模式转变。

**参考文献**

［1］B. 盖伊·彼得斯. 政府未来的治理模式［M］. 北京：中国人民大学出版社，2001.

［2］Bozeman Barry. Strategic Public Management and Productivity: A "Firehouse Theory"［J］. *State Government*，1983（56）.

［3］CAP. *Perform ance Measurement: concepts and Techniques*［M］. Washington D. C.: ASPA,

2000.

［4］Christensen T., & P. Lægreid. The Whole-of-Government Approach to Public Sector Reform ［J］. *Public Administration Review*，2007，67（6）.

［5］Dahl Robert A. The Science of Public Administration：Three Problems ［J］. *Public Administration Review*，1947，7（1）.

［6］E.Ferlie，L.Ashburner L.*Fitzgerald and A.Pittigrew.The New Management in Action* ［M］. Oxford：Oxford University Press，1996.

［7］Guide. The Management Centre ［D］. University of Leicester，1992.

［8］Kooiman J. *Modern Governance*：*New Government-Society Interactions* ［M］. London：Sage. 1993.

［9］Louise Kloot，John Martin.Strategic Performance Management A Balanced Approach to Performance Management Issues in Local Government ［J］. *Accounting Research*，2000，11（2）.

［10］Nutt Paull C. & Backoff Robert W. *Strategic Management of Public and Third Sector Organization*：*A Handbook for Leaders* ［M］. San Francisco：Jossey-Bass，1992.

［11］Perri & B. G. Peters. *Governance*，*Politics and The State* ［M］. London：Macmillan Press. 1997：16-18.

［12］Perri.Holistic Government ［M］. London：Demos，1997.

［13］Perri D. Leat，K. Seltzer，G. Stoker. *Towards Holistic Governance*：*The New Reform Agenda* ［M］. London：Palgrave Press，2002//韩保中. 全观型治理之研究［J］.公共行政学报，2001(6).

［14］Rhodes R.A.W. The New Governance：Governing without Government ［J］. *Political Studies*，1996，44（4）.

［15］Riggs Fred W. *Agraria and Industria*：*Toward a Typology of Comparative Administration* ［M］//William J. Siffin，*Toward the Comparative Study of Public Administration*. Indiana University Press，1957.

［16］Schick A. *Capacity to Budget* ［M］. Washington：The Urban Institute Press，1990.

［17］Wildavsky A. *If You Can't Budget*，*How Can You Govern* ［M］// Anderson，A. & Bark D. L. *Thinking about America*：*The United States in the1990s*. Stanford：Hoover Institution Press，1988.

［18］Wortman M.S.Jr.，*Strategic Management*：*Not-for-profit Organizations* ［M］//D.E.Schendel & C.W.Hofer，*Strategic Management*：*A New View of Business Policy and Planning*. Boston：Little，Brown，1979.

［19］2014 年 12 月 15 日关于印发《政府购买服务管理办法（暂行）》的通知（财综［2014］96 号）.

［20］边晓慧.基于目标导向的政府战略绩效管理探究［J］.法制与经济，2009（6）.

［21］曹堂哲.西方国家执行机构多样化的改革运动［J］.云南行政学院学报，2006（5）.

［22］柴茂.平衡计分卡在地方政府战略管理绩效评估中的应用［J］.重庆工学院学报（社会科学），2008（6）.

[23] 迟福林.加快由经济建设型政府向公共服务型政府的转变——SARS危机后的我国政府改革[M]//改革与多数人的利益.北京：中国发展出版社，2004.

[24] 曹堂哲.战略协同型政府模式的特征[M]//多维视角下的政府管理与国际政治——中央财经大学政府管理学院5周年院庆论文集.北京：经济管理出版社，2011.

[25] 戴维·奥斯本，彼德·普拉斯特里克.摒弃官僚制：政府再造的五项战略[M].谭功荣，刘霞译.北京：中国人民大学出版社，2002.

[26] 方振邦，鲍春雷.战略导向的政府绩效管理：动因、模式及特点[J].兰州学刊，2010（5）.

[27] 菲利普·库珀.合同制治理——公共管理者面临的挑战与机遇[M].上海：复旦大学出版社，2007.

[28] 国务委员兼国务院秘书长杨晶：《国务院关于深化行政审批制度改革 加快政府职能转变工作情况的报告》，2014年8月27日在第十二届全国人民代表大会常务委员会第十次会议。

[29] 韩锋，诚然，刘丽.战略管理框架下政府绩效管理探析[J].经济与管理，2010（10）.

[30] 韩锋，田家林.战略管理导向的政府绩效管理特点、效能及应用[J].技术与创新管理，2011（1）.

[31] 郝云宏，曲亮.基于战略管理框架的政府绩效评估机理[J].科技进步与对策，2005（1）.

[32] 胡税根，陈彪.基于战略视野的省级政府绩效评估体系[J].甘肃行政学院学报，2008（5）.

[33] 凯瑟琳·纽科默等.迎接业绩导向型政府的挑战[M].张梦中，李文星等译.广州：中山大学出版社，2003.

[34] 李虹，蔡吉臣，刘晓平.建立了基于战略成本管理的政府绩效评价[J].中国行政管理，2009（2）.

[35] 王群峰.政府部门战略绩效管理模式构建[J].商业时代，2008（13）.

[36] 王汝发.基于模糊分析的战略成本视角下的政府绩效评价体系[J].西华大学学报（哲学社会科学版），2010（4）.

[37] 王绍光，马骏.走向"预算国家"——财政转型与国家建设[J].公共行政评论，2008（1）.

[38] 王绍光.从税收国家到预算国家[M]//马骏，侯一麟，林尚立.国家治理与公共预算.中国：中国财政经济出版社，2007.

[39] 温家宝.提高认识，统一思想，牢固树立和认真落实科学发展观[N].人民日报，2004-03-01.

[40] 伍德罗·威尔逊.行政学研究[M]//彭和平，竹立家.国外公共行政理论精选.北京：中共中央党校出版社，1997.

[41] 谢凤华，彭国甫.基于战略能力的政府绩效评估体系构建研究[J].科技管理研究，2006（12）.

［42］燕继荣.服务型政府的研究路向：近十年来国内服务型政府研究综述［J］.学海，2009
（1）.

［43］俞可平.治理与善治［M］.北京：社会科学文献出版社，2004.

［44］俞可平.中国治理评价体系框架初探［J］.北京行政学院学报，2008（5）.

［45］张国庆.重塑公共政策的价值基点［M］//典范与良政.北京：北京大学出版社，2011.

［46］张康之.寻找公共行政的伦理视角［M］.北京：中国人民大学出版社，2002.

［47］赵圣基.韩国用户满意度和政府战略绩效模式发展情况及美国顾客满意度在韩国的引入
经验［R］.用户满意理论与实践2000年天津国际研讨会论文集，2001.

［48］中国法学会.中国法治建设年度报告（2012）［J］.2013-06.

［49］邹春霞.解放军改革忽然提速　十八大后新出五个"机构"［J］.新华网，2014-04-04.

# Strategic Performance Oriented Government Pattern: Connotation, Comparision and Development

## ZHAO Jinghua    CAO Tangzhe    LI Yuhuan

**Abstract**: Strategic performance oriented government pattern is one of the government's model, the government management mode is a kind of environmental complexity, diversity and dynamic of the premise, to effectively provide, enhance and create public value as the fundamental purpose of the overall strategy, performance and executional and synergy is characterized by effective and useful to solve the contemporary society faces the public affairs for the government management to form. Strategic performance oriented government model in the Chinese and foreign scholars put forward the government model jungle, is expected to become an important knowledge framework for future government model remodeling. In the process of government reform in the contemporary China, it has gradually highlighted the characteristics of the strategic performance based model. In the " scientific" strategy and "strategy and performance consistency" two coordinate construction of strategic performance matrix, strategic performance oriented government mode overcomes the disadvantages of in valid type, deviation type and confusion of government model, to the transformation of government functions as the strategic value, mission and goals, the government converted to strategy the process, the government's output into a performance measure, and provide integrated management tools of government.

**Key Words**: Government Pattern; Strategy; Performance; Statetic Performance Oriented Government Pattern

# 我国海外人才团队式引进问题研究*

吴　江[1]　张相林[2]

（1. 中国人事科学研究院，北京　100101；2. 中央财经大学，北京　100081）

【摘　要】注重团队式引进和团队建设已经成为我国海外人才引进的趋势和工作重点，是提高人才引进质量和提高人才工作绩效的关键。本研究从留学回国人才的工作冲突、人才团队建设现状以及团队建设政策需求这三个维度进行了团队建设调查，调查发现我国海外人才归国后的团队建设存在如下问题：团队建设不够均衡，相当部分引进人才面临着强烈的团队建设需求；现有的发展环境不利于开展团队合作，团队合作情况不够理想，留学回国人才对于团队合作情况的评价总体不高，其中2/3不同程度地面临着工作冲突的困扰；现有的组织发展环境和组织氛围对海外人才团队建设存在制约；海外引进人才的团队建设期望与留学年限、学位高低、学科密切相关。新形势下的我国海外人才引进研究和实践，应该更好地结合海外人才团队建设需求和特点，加大团队式引进力度，创新管理模式和改进组织发展环境，建立完善人才引进风险管理和绩效评价机制。

【关键词】海外人才；人才引进；团队建设；问题调查

---

* 本研究问卷调查得到了上海社会科学院信息研究所、海外人才信息研究中心高子平副研究员的大力支持。

[作者简介] 吴江，中国人事科学研究院（原）院长、研究员、博士生导师。张相林，中央财经大学政府管理学院副教授。

团队式引进是海外人才引进的重要途径之一，早在 2003 年，《国务院关于加强人才工作决定》就提出："要加大引进留学和海外高层次人才工作力度，采取团队引进、核心人才带动引进、高新技术项目开发引进等方式。"尤其随着我国在全球人才大争夺中的主被动关系易位，以及中国在实现从"中国制造"向"中国创造"转换升级的过程中，团队式引进引起了越来越多的媒体报道、学界研究及社会公众讨论，也有一些省市开始了相关的探索实践。但是，团队引进与建设问题同时又是长期困扰海外人才[①]引进工作的重大问题，不仅直接影响到留学回国科技人才的贡献率，而且影响到海外人才引进工作的可持续性。因此，在学术界相关研究成果的基础上，本课题组针对京沪二地科研机构（高校）留学回国人才的团队建设需求问题，进行了设问和后续访谈，希冀在深入了解留学回国人才的团队建设现状及相关需求的基础上，结合各地已有的探索实践及传媒、学界的讨论，科学分析开展海外人才团队引进的可行性及基本路径。

## 一　调查研究设计

### （一）调查对象

本课题组在设计调查方案的过程中，对被调查对象设定了以下几个标准：一是留学回国两年以上；二是在现有工作岗位满一年；三是直接从事科研（研发）工作，包括"双肩挑"；四是年龄在 55 周岁以下；五是采用全部实名制调查。在问卷发放过程中，严格执行了这一标准。另外，需要说明的是，"留学人员"是指以学习和进修为主要目的、到境外正规高等院校及科研机构攻读学位、从事项目研究或进行学术交流并连续居留 12 个月以上的人员。

### （二）指标测量

长期以来，我国学术界在研究吸引海外人才回流问题时，主要关注两个方面：一是政策吸引的力度；二是发展环境的约束程度。自 2009 年以来，在两位数增幅的带动下，留学回国人才的规模持续扩大，并预示着我国已经进入了海外人才大规模

---

[①] 关于"海外人才"的概念，在我国，这是一个随时间不断变化的动态概念，在不同时期有不同的内涵。进入 21 世纪后，2003 年《中共中央、国务院关于进一步加强人才工作的决定》不仅确定了目标紧缺人才的引进战略方针，同时将海外人才的概念逐渐统一。

回流的新阶段。这就必须在充分考虑这一群体与本土人才之间的关系变化、市场经济全新发展阶段的制度建设需求的基础上，从努力提供政策优惠转向大力营造制度及环境优势。相应地，在分析留学回国人才与发展环境的关联性问题时，根据我国海外引智工作的历史经验和创新型国家建设的阶段性目标，侧重研究留学回国人才的工作冲突、团队建设现状及团队建设的政策需求。按照上述三个重点维度进行问卷的设计和编排。

## （三）调查样本构成情况

问卷调查历时 4 个多月，中途两次修正了发放方案，共计发放问卷 1600 份，收回问卷 1570 份，其中，剔除空白卷 10 份，有效问卷总数为 1560 份，有效回收率为97.50%。样本构成情况如表 1 所示。

表 1　调查样本构成情况

| 一级指标 | 二级指标 | 频数 | 比例（%） | 一级指标 | 二级指标 | 频数 | 比例（%） |
|---|---|---|---|---|---|---|---|
| 海外留学时间 | 1~2 年 | 360 | 23.1 | 海外最高学位 | 博士 | 650 | 41.7 |
| | 2~3 年 | 230 | 14.7 | | 硕士 | 100 | 6.4 |
| | 3~4 年 | 120 | 7.7 | | 学士 | 10 | 0.6 |
| | 4~5 年 | 130 | 8.3 | | 国外博士后研究 | 670 | 42.9 |
| | 5 年以上 | 710 | 45.5 | | 其他 | 120 | 7.7 |
| | 缺失值 | 10 | 0.6 | | 缺失值 | 10 | 0.6 |
| 留学性质 | 自费留学 | 920 | 59.0 | 国外工作经历 | 有过兼职经历 | 120 | 7.7 |
| | 自费公派 | 170 | 10.9 | | 两年以内全职 | 250 | 16.0 |
| | 公费留学 | 350 | 22.4 | | 超过两年全职 | 430 | 27.6 |
| | 勤工俭学 | 20 | 1.3 | | 无工作经历 | 730 | 46.8 |
| | 其他 | 100 | 6.4 | | 缺失值 | 30 | 1.9 |
| 科技活动类型 | 基础研究 | 1210 | 77.6 | 性别 | 男 | 1030 | 66.0 |
| | 应用研究 | 280 | 17.9 | | 女 | 470 | 30.1 |
| | 科技产品开发 | 30 | 1.9 | | 缺失值 | 60 | 3.8 |
| | 科技产品推广与营销 | 20 | 1.3 | 平均年龄 | 37.62 岁 | | |
| | 其他 | 20 | 1.3 | | | | |

## （四）数据质量与分析方法

京沪二地作为改革开放的排头兵及特大型中心城市，在海外人才回流方面的政策嬗变历程及队伍结构的阶段性变化过程具有一定的代表性，留学回国人才的结构性变化呈现出明显的阶段特征。根据国家科技部、国家统计局发布的数据以及学术界的相关调查研究结果，本次调查所获得的有效样本构成与留学回国（来京、来沪）

人才队伍的构成比例吻合度较高，基本反映了两地留学回国人才的总体状况，调查样本能基本代表全国范围内的留学回国人才的基本状况。

问卷资料全部进行核实并编码，然后运用 FOXPRO 软件录入计算机，再通过 2.0 版本导出，转换成 SPSS 格式数据库进行统计分析。统计类型主要是单变量频数描述统计、双变量交互分类表和均值比较分析。

## 二 数据分析

### （一）关于团队建设的现状

针对"回国之后，您认为自己在工作过程中是否已经形成团队"的设问 31% 的受访者表示"已经形成，并拥有发言权"，38% 的受访者表示"正在形成，并拥有发言权"，49% 的受访者表示"没有形成团队，但需要形成团队"，另有 2% 的受访者表示"专业发展的个体化程度高，不需要形成团队"，3% 的受访者表示"已经形成团队，但感觉受到排挤"。不难看出，略高于五成的受访者对于团队建设比较满意，超过四成的受访者面临强烈的团队建设需求。对这一群体的海外留学时间与团队形成状况进行交叉分析，结果如表 2 所示。

表 2　海外留学时间与团队形成状况调查统计（Crosstab）

| | | | 回国之后，您认为自己在工作过程中是否已经形成团队 | | | | | | |
|---|---|---|---|---|---|---|---|---|---|
| | | | 已经形成，并拥有发言权 | 正在形成，并拥有发言权 | 没有形成团队，但需要形成团队 | 专业发展的个体化程度高，不需要形成团队 | 已经形成团队，但感觉受到排挤 | 缺失值 | 总计 |
| 留学时间 | 1~2 年 | Count | 3 | 7 | 12 | 1 | 0 | 0 | 23 |
| | | Expected Count | 5.7 | 6.9 | 8.9 | 0.4 | 0.5 | 0.5 | 23.0 |
| | 2~3 年 | Count | 5 | 1 | 13 | 0 | 1 | 0 | 20 |
| | | Expected Count | 4.9 | 6.0 | 7.8 | 0.3 | 0.5 | 0.5 | 20.0 |
| | 3~4 年 | Count | 1 | 0 | 9 | 0 | 1 | 0 | 11 |
| | | Expected Count | 2.7 | 3.3 | 4.3 | 0.2 | 0.3 | 0.3 | 11.0 |
| | 4~5 年 | Count | 2 | 7 | 2 | 0 | 0 | 0 | 11 |
| | | Expected Count | 2.7 | 3.3 | 4.3 | 0.2 | 0.3 | 0.3 | 11.0 |
| | 5 年以上 | Count | 20 | 23 | 12 | 1 | 1 | 3 | 60 |
| | | Expected Count | 14.8 | 18.1 | 23.3 | 1.0 | 1.4 | 1.4 | 60.0 |

| | | | 回国之后，您认为自己在工作过程中是否已经形成团队 | | | | | | 总计 |
| --- | --- | --- | --- | --- | --- | --- | --- | --- | --- |
| | | | 已经形成，并拥有发言权 | 正在形成，并拥有发言权 | 没有形成团队，但需要形成团队 | 专业发展的个体化程度高，不需要形成团队 | 已经形成团队，但感觉受到排挤 | 缺失值 | |
| 留学时间 | 缺失值 | Count | 0 | 0 | 1 | 0 | 0 | 0 | 1 |
| | | Expected Count | 0.2 | 0.3 | 0.4 | 0.0 | 0.0 | 0.0 | 1.0 |
| | 总计 | Count | 31 | 38 | 49 | 2 | 3 | 3 | 126 |
| | | Expected Count | 31.0 | 38.0 | 49.0 | 2.0 | 3.0 | 3.0 | 126.0 |

由表 3 的卡方检验可以看出，海外留学时间与团队形成相互独立的 Sig. = 0.011（Pearson Chi-Square），0.002（Likelihood Ratio）小于 0.05，故不接受假设，认为海外留学时间与团队形成状况两者具有相关性。由表 4 的列联关联度测量（Symmetric Measures）可以看出，所有的 Sig. 均等于 0.011，且 0.01 < Sig. = 0.011 < 0.05，故相关性非常显著。

表 3　海外留学时间与团队形成卡方检验（Chi-Square Tests）

| | Value | df | Asymp Sig. (2-sided) |
| --- | --- | --- | --- |
| Pearson Chi-Square | 43.998[a] | 25 | 0.011 |
| Likelihood Ratio | 50.019 | 25 | 0.002 |
| Linear-by-Linear Association | 0.025 | 1 | 0.874 |
| N of Valid Cases | 126 | | |

注：a. 28 cells（77.8%）have expected countless than 5. The minimum expected count is 0.02.

表 4　海外留学时间与团队形成关联度测量（Symmetric Measures）

| | | Value | Approx Sig. |
| --- | --- | --- | --- |
| Nominal by Nominal | Phi | 0.591 | 0.011 |
| | Cramer's V | 0.264 | 0.011 |
| | Contingency Coefficient | 0.509 | 0.011 |
| N of Valid Cases | | 126 | |

## （二）关于团队合作的氛围问题

团队建设过程不仅涉及不同类型人才的组织与配置，而且关系到复杂的主体间关系。多项研究表明，留学回国科技人才由于在社会资本方面通常处于劣势，因此，在团队合作过程中，往往会遇到各种非专业因素的干扰。针对"您认为现有的工作环境，是否有利于团队合作"的设问，37.01% 的受访者表示"环境较好，有利于团队合作"，46.75%的受访者表示"环境一般，基本上能维持团队工作的开展"，12.99%的受访者表示"环境不太好，关系复杂，潜规则多"，3.25%的受访者表示"环境很不好，无法开展团队合作"，不存在其他情况。

调查结果显示，留学回国人才对于团队合作情况的评价总体不高，仅有1/3的填答者明确表示了满意的态度，这就意味着现有的发展环境不利于开展团队合作，需要在大环境总体稳定的背景下，探索团队合作的其他方式方法，以便于科研工作的开展和留学回国人才的才智发挥。

## （三）关于回国之后的工作冲突问题

在总体上认为科技创新环境不利于团队合作的同时，是否经常发生工作冲突？针对这一设问，仅有40%的受访者表示"从来不会"，另有67%的受访者表示"很少"，14%的受访者表示"有时会发生"，并有3%的受访者表示"经常会发生"，2%的受访者表示"总是会发生"。上述数据显示，约1/3的受访者不会遇到工作冲突，另有2/3不同程度地面临着工作冲突的困扰。由于工作冲突不仅严重影响团队合作，而且严重影响到留学回国人才对于国内发展环境的再适应，因此，这一数据具有高度的警示意义，值得引起关注。对海外工作经历与回国后的工作冲突进行交叉分析，结果如表5所示。

表5　海外工作经历与回国后团队工作冲突的调查统计（Crosstab）

| | | | 回国之后，是否经常与同事发生工作冲突 | | | | | 总计 |
| | | | 从来不会 | 很少 | 有时会发生 | 经常会发生 | 缺失值 | |
|---|---|---|---|---|---|---|---|---|
| 回国之前，是否有过国外工作经历 | 有过兼职工作经历 | Count | 0 | 1 | 3 | 1 | 0 | 5 |
| | | Expected Count | 1.6 | 2.7 | 0.6 | 0.1 | 0.1 | 5.0 |
| | 有过两年以内全职工作经历 | Count | 8 | 6 | 2 | 1 | 0 | 17 |
| | | Expected Count | 5.4 | 9.0 | 1.9 | 0.4 | 0.3 | 17.0 |
| | 有超过两年的全职工作经历 | Count | 15 | 22 | 3 | 0 | 0 | 40 |
| | | Expected Count | 12.7 | 21.3 | 4.4 | 1.0 | 0.6 | 40.0 |
| | 只是赴外求学，没有相关的国外工作经历 | Count | 17 | 38 | 6 | 1 | 2 | 64 |
| | | Expected Count | 20.3 | 34.0 | 7.1 | 1.5 | 1.0 | 64.0 |
| 总计 | | Count | 40 | 67 | 14 | 3 | 2 | 126 |
| | | Expected Count | 40.0 | 67.0 | 14.0 | 3.0 | 2.0 | 126.0 |

由表6的卡方检验可以看出，Sig. = 0.005（Pearson Chi-Square）小于0.05，故不接受假设，认为海外工作经历与回国后的工作冲突两者具有相关性。由表7的Symmetric Measures（列联关联度测量）可以看出，所有的列相关系数均等于0.005，且Sig. = 0.005 < 0.01，故相关性非常显著。由表5的Crosstab（交叉表）对角线中可

知，"回国之前，是否有过国外工作经历"与"回国之后，是否经常与同事发生工作冲突"，对角线上出现的频数大于期望值（除无海外求职经历者），即在海外工作时间越长，其回国后与同事发生工作冲突的频率越低。无海外从业经历者除外。

表6　海外工作经历与回国后团队工作冲突的卡方检验（Chi-Square Tests）

|  | Value | df | Asymp Sig. (2-sided) |
|---|---|---|---|
| Pearson Chi-Square | 28.216ᵃ | 12 | 0.005 |
| Likelihood Ratio | 22.110 | 12 | 0.036 |
| Linear-by-Linear Association | 1.594 | 1 | 0.207 |
| N of Valid Cases | 126 | | |

注：a. 13 cells（65.0%）have expected countless than 5. The minimum expected count is 0.08.

表7　海外工作经历与回国后团队工作冲突的列联关联度策量（Symmetric Measures）

|  |  | Value | Approx Sig. |
|---|---|---|---|
| Nominal by Nominal | Phi | 0.473 | 0.005 |
| | Cramer's V | 0.273 | 0.005 |
| | Contingency Coefficient | 0.428 | 0.005 |
| N of Valid Cases | | 126 | |

## （四）对于现有团队建设的总体评价

在上述设问的基础上，可以进一步了解留学回国人才对于团队建设的总体评价。从统计结果来看，39.07%的受访者表示"比较满意"，5.30%的受访者表示"非常满意"，39.07%的受访者表示"基本满意"，另有14.57%的受访者表示"不太满意"，并有1.99%的受访者表示"比较满意"。可见，留学回国人才对于团队建设总体上勉强持基本满意态度。

## （五）对于团队建设的具体期望

团队建设存在着不同程度的问题，并对留学回国人才的发展造成了一定的干扰，因此，如何进行团队建设，是相关调查的最终落脚点。统计结果显示，仅有0.68%的受访者表示"不需要强调团队建设，应该以个人为主"，却有33.78%的受访者要求"自己牵头组建团队"，25.68%的受访者要求"参与现有团队的管理与协调"，21.62%的受访者要求"形成团队内部合理的成果分配及绩效分享机制"，18.24%的受访者要求"淡化现有团队的行政化色彩"。

上述统计结果说明三点问题：一是团队建设问题必须引起高度重视；二是针对如何建立团队存在各种观点，但总体上都倾向于提高个人在现有团队中的地位，或者获得独立的组建团队的权力；三是留学回国人才的心理特质和文化倾向已经影响到现有的组织管理形式。基于数据统计的基础，对海外留学时间与团队建设期望进行交叉分析，结果如表 8 所示。

表 8　海外留学时间与回国后团队建设期望的调查统计（Crosstab）

| | | | 对团队建设的具体期望是 | | | | | 总计 |
|---|---|---|---|---|---|---|---|---|
| | | | 自己牵头组建团队 | 参与现有团队的管理与协调 | 淡化现有团队的行政化色彩 | 形成团队内部合理的成果分配及绩效分享机制 | 缺失值 | |
| 留学时间 | 1~2 年 | Count | 2 | 5 | 4 | 11 | 1 | 23 |
| | | Expected Count | 7.5 | 5.5 | 3.7 | 5.3 | 1.1 | 23.0 |
| | 2~3 年 | Count | 6 | 11 | 3 | 0 | 0 | 20 |
| | | Expected Count | 6.5 | 4.8 | 3.2 | 4.6 | 1.0 | 20.0 |
| | 3~4 年 | Count | 4 | 4 | 2 | 1 | 0 | 11 |
| | | Expected Count | 3.6 | 2.6 | 1.7 | 2.5 | 0.5 | 11.0 |
| | 4~5 年 | Count | 7 | 0 | 1 | 3 | 0 | 11 |
| | | Expected Count | 3.6 | 2.6 | 1.7 | 2.5 | 0.5 | 11.0 |
| | 5 年以上 | Count | 22 | 9 | 10 | 14 | 5 | 60 |
| | | Expected Count | 19.5 | 14.3 | 9.5 | 13.8 | 2.9 | 60.0 |
| | 缺失值 | Count | 0 | 1 | 0 | 0 | 0 | 1 |
| | | Expected Count | 0.3 | 0.2 | 0.2 | 0.2 | 0.0 | 1.0 |
| 总计 | | Count | 41 | 30 | 20 | 29 | 6 | 126 |
| | | Expected Count | 41.0 | 30.0 | 20.0 | 29.0 | 6.0 | 126.0 |

由表 9 的卡方检验可以看出，Sig. = 0.005（Pearson Chi-Square），0.001（Likelihood Ratio）小于 0.05，故不接受假设，认为海外留学时间与团队建设期望两者具有相关性。由表 10 的 Symmetric Measures（列联关联度测量）可以看出，所有的列相关系数均等于 0.005，且 Sig. = 0.005 < 0.01，亦即相关性非常显著。因此，"留学时间"与"对团队建设的具体期望"之间的关系非常密切。进一步对这一群体的海外最高学位与团队建设期望进行交叉分析，结果如表 11 所示。

表 9　海外留学时间与回国后团队建设期望的卡方检验（Chi-Square Tests）

| | Value | df | Asymp Sig.（2-sided） |
|---|---|---|---|
| Pearson Chi-Square | 40.215[a] | 20 | 0.005 |
| Likelihood Ratio | 46.575 | 20 | 0.001 |
| Linear-by-Linear Association | 0.000 | 1 | 0.989 |
| N of Valid Cases | 126 | | |

注：a. 22 cells（73.3%）have expected countless than 5. The minimum expected count is 0.05.

表 10　海外留学时间与回国后团队建设期望的列联关联度测量（Symmetric Measures）

**表 10　海外留学时间与回国后团队建设期望的列联关联度测量（Symmetric Measures）**

| | | Value | Approx Sig. |
|---|---|---|---|
| Nominal by Nominal | Phi | 0.565 | 0.005 |
| | Cramer's V | 0.282 | 0.005 |
| | Contingency Coefficient | 0.492 | 0.005 |
| N of Valid Cases | | 126 | |

**表 11　海外留学最高学位与回国后团队建设期望的调查统计（Crosstab）**

| | | | 对团队建设的具体期望 | | | | | 总计 |
|---|---|---|---|---|---|---|---|---|
| | | | 自己牵头组建团队 | 参与现有团队的管理与协调 | 淡化现有团队的行政化色彩 | 形成团队内部合理的成果分配及绩效分享机制 | 缺失值 | |
| 海外获得最高学位 | 学士 | Count | 0 | 1 | 0 | 0 | 0 | 1 |
| | | Expected Count | 0.3 | 0.2 | 0.2 | 0.2 | 0.0 | 1.0 |
| | 硕士 | Count | 0 | 2 | 0 | 1 | 3 | 6 |
| | | Expected Count | 2.0 | 1.4 | 1.0 | 1.4 | 0.3 | 6.0 |
| | 博士 | Count | 21 | 11 | 10 | 8 | 2 | 52 |
| | | Expected Count | 16.9 | 12.4 | 8.3 | 12.0 | 2.5 | 52.0 |
| | 在国内获得博士，在国外从事博士后研究 | Count | 20 | 13 | 10 | 16 | 1 | 60 |
| | | Expected Count | 19.5 | 14.3 | 9.5 | 13.8 | 2.9 | 60.0 |
| | 其他 | Count | 0 | 3 | 0 | 4 | 0 | 7 |
| | | Expected Count | 2.3 | 1.7 | 1.1 | 1.6 | 0.3 | 7.0 |
| 总计 | | Count | 41 | 30 | 20 | 29 | 6 | 126 |
| | | Expected Count | 41.0 | 30.0 | 20.0 | 29.0 | 6.0 | 126.0 |

由表 12 的卡方检验可以看出，所有的 Sig. 均小于 0.05，故不接受假设。由表 13 的 Symmetric Measures（列联关联度测量）可以看出，所有的列相关系数均等于 0.000，且 Sig. = 0.000 < 0.01，故相关性非常显著。由表 11 的 Crosstab（交叉表）对角线中可知，"海外获得最高学位"与"对团队建设的具体期望"对角线上出现的频

**表 12　海外留学最高学位与回国后团队建设期望的卡方检验（Chi-Square Tests）**

| | Value | df | Asymp Sig.（2-sided） |
|---|---|---|---|
| Pearson Chi-Square | 45.175[a] | 16 | 0.000 |
| Likelihood Ratio | 33.588 | 16 | 0.006 |
| Linear-by-Linear Association | 8.552 | 1 | 0.003 |
| N of Valid Cases | 126 | | |

注：a. 17 cells（68.0%）have expected countless than 5. The minimum expected count is 0.05.

表 13 海外留学最高学位与回国后团队建设期望的列联关联度测量 （Symmetric Measures）

| | | Value | Approx Sig. |
|---|---|---|---|
| Nominal by Nominal | Phi | 0.599 | 0.000 |
| | Cramer's V | 0.299 | 0.000 |
| | Contingency Coefficient | 0.514 | 0.000 |
| N of Valid Cases | | 126 | |

数大于期望值，即在海外获得的学位越高，其回国后工作中团队合作能力越强。故"海外获得最高学位"与"对团队建设的具体期望"关系非常密切。

留学回国人才是我国现有人才队伍中最为特殊的群体之一，团队建设情况是影响这一群体与现有创新环境良性互动、提高贡献率的重要变量，通过问卷调查分析，不难看出，在团队引进与建设方面确实存在一些深层次问题，需要进一步探析背后的成因，并基于人才成长规律与配置规律的工作特点，探索今后海外引智工作转型的方向、方式和方法。

## 三 调查数据的意义及其政策启示

在全球经济波动的大背景下，我国在国际人才流动中的主被动地位开始逆转，海外人才大规模回流的时期正在到来。以上调查中的某些发现，对于我们进一步拓展视野，拓宽思路，积极探索海外人才引进的新途径、新方式具有一定的指导意义。

### （一）针对我国基础性研究和重大前沿领域的前瞻性研究需求，在全球范围内遴选重大科研团队，实施整建制的引进，在引进目标群体需求、国际人才环境等方面都是可行的

在科研（研发）工作中，需要根据科技发展的一般规律，进行合理分工与配合，形成专业团队。综观当前出国留学人才的海外分布状况，从南加利福尼亚州到曼彻斯特，从东京到法兰克福，已经出现了诸多留学生集群，其中，仅加利福尼亚州地区的清华大学毕业生就已经超过了 1 万人。大规模的人才集聚形成了特有的科技创新氛围与网络，有效促进了创新潜能的发挥。相应地，这一群体在回流决策中，非常关注人才集聚与团队氛围问题。笔者完成的一项海外人才分布状况调查显示，海外科技人才始终非常关注回国发展的社会文化氛围及科技创新软环境等。在填答回国发展的主要顾虑时，29.3%选择了"社会环境"，27.2%选择了"人际关系"，

15.4%选择了"文化氛围"。这一群体对于所在国人才吸引力的评价进一步证实了这一点，高达36.67%的海外科技人才选择了"社会文化氛围"，高居第二位。无疑，氛围形成于团队，而不是独闯式的人才个体。

调查数据显示，超过四成的受访者面临着强烈的团队建设需求，明确表示没有团队建设需求者不足四个百分点。正是强烈的团队建设的实际需求，说明在探讨科研环境问题时，不能简单地从行政化的消极后果出发，而必须主要从人才集聚与才智发挥的自身规律出发。自金融危机以来，导致了人力资本国际流向的重要变化，总体趋势是对中国等新兴经济体有利。北京、上海、广东等沿海发达省份可以率先出击，重点选择新能源、汽车制造、新材料、海洋装备工程等领域，进行重点跟踪和整建制引进。中国留学生群体庞大，海外华人在部分领域有极大影响力，形成了一定数量的工作团队，是我国海外人才引进目标的潜在对象。有分析指出"仅在美国的华裔高端人才就至少是中国大陆高端人才的11.5倍"。如在举世闻名的美国"硅谷"，由华人控制的硅谷高科技企业大约占1/5。改革开放以来的30多年，大陆大约有超过600万华人移民或滞留海外。

## （二）职能部门应该努力提高服务意识，转变工作作风，改善组织发展环境，营造更加良性的团队建设氛围，提高我国的海外人才吸引力

依据本次调查的发现，影响团队合作的因素很多，但主要集中于工作环境、人际管理、管理制度与管理文化等。接近60%的受访者认为，目前的组织发展环境和管理文化一般或者较差。留学回国人才对于团队合作情况的评价总体不高，30%以上填答者明确表示满意。这说明，如何改进组织发展环境，应该成为我们提高海外人才团队建设的重要工作之一。2/3不同程度地面临着工作冲突的困扰，严重影响到留学回国人才对于国内发展环境的再适应，这一数据具有高度的警示意义。当前对人力资本国际流动的研究，从宏观层次主要分析国民经济和世界经济结构及国家移民政策等宏观因素对人力资本流动的影响。我们需要在大环境总体稳定的背景下，探索团队合作提升路径，进一步开发留学回国人才的聪明才智。美国《科学》杂志上，甚至有人预言："印度的'低调科技回流'所带来的资产将会使印度于2020年成为世界第一大知识生产中心。"印度的人才回流，与印度政府的各种吸引政策是息息相关的。海外人才对国内的发展环境总体满意，但是不满或不适应的方面也非常多，我们需要根据科技创新工作的实际需要，为领军人才自主建立并管理团队提供必要的便利条件。

## （三）引导地方政府不断推进管理模式创新和优化，转变引智思路，从简单地追求数量和规模转向明确经济科技发展的重点领域、努力引进科技人才团队

调查发现，引进的海外人才的团队建设期望受留学年限、学科分布、学历学位的影响。越是留学时间长、学位高的人才团队合作需求高，合作态度好，越是渴望有更好的团队。理工科更加强调团队建设。针对如何建立团队存在各种观点，但总体上都倾向于发挥和进一步凸显个人地位或者获得独立的组建团队的权力。海外人才的这种心理特质和文化倾向已经开始影响到现有的组织管理形式，推动着管理模式的创新和优化。为此，引智工作必须严格按照地方经济科技发展的实际水平及需要，在严密论证之后，优先选择几个主要领域，有针对性地进行海外人才引进，并鼓励整建制回流或小团队引进。从 2008 年开始的"千人计划"，针对重点紧缺领域的高精尖人才的引进工作，如今已经初见成效。

## （四）海外人才的引进存在多种管理难度或风险，应该重视建立和完善海外人才引进过程的风险评估与预警机制

结合本次问卷调查及我国海外人才的实践来看，引进的人才总体上是好的，推动了我国经济社会发展，但是，相当一部分海外人才实际上缺乏合作意识，环境再适应能力不强，工作过程中产生的问题很多。加快引进速度的同时，更要注意加强风险管控研究，建立和完善我国海外人才引进的风险管理机制。乔治敦大学国际移民研究中心主任林（B.Lindsay Lowell）认为，对于外籍人才的引进，尤其是本族裔外籍人才，不宜急功近利，还是慢慢地重新参与经济社会化进程会比较好。英国牛津大学教授斯蒂芬·伏特维克（Steven Vertovec）认为，发展中国家必须也应该充分抓住机会利用技术移民网络，有效促进跨国科技合作及国际商务往来，同时，要有效防止技术移民网络蜕变为国家安全体系的"漏洞"。英国苏塞克斯大学教授RonSkeldon 认为，很多发展中国家移民政策存在着矛盾，而且这些矛盾主要由于法律法规的不完善所导致，他的观点是，实际上对于发展中国家而言，技术移民带来的风险更多，而且更主要的是防范的难度也更大，未必是件好事。国内学术界的相关研究很少，高子平（2013）从国家政治与战略安全维度、就业竞争与经济安全维度、文化认知（同）维度社会融入维度，四个维度进行风险评估，并提出预警机制设计的几点建议。

**参考文献**

［1］张贤明.强化政府社会管理职能的基本依据、观念定位与路径选择［J］.行政论坛，2012(4).

［2］印度人才回流预示着科研发展的辉煌［J］.科学，2005.

［3］中央人才工作协调小组关于实施海外高层次人才引进计划的意见.2008，12.

［4］B. Lindsay Lowell. Allan，M. Findlay. Migration of Highly Skilled Persons from Developing Countries：Impact and Responses［R］. Report Prepared for the International Labor Policy Office（ILO），Geneva，2001.

［5］Steven Vertovec. Transnational Networks and Skilled Labour Migration［R］. Laden Burger Diskurs "Migration" Gottlieb and Karl Daimler BenzSifting，Ladenburg，2002，2.

［6］Ron Skeldon. Globalization. Skilled Migration and Poverty Alleviation：Brain Drains in Context［R］. Issued by the Development Research Centre on Migration，Globalization and Poverty，2005，11.

［7］高子平.外籍人才引进的风险管理研究［J］.中国行政管理，2013（9）.

# On the Problems of Overseas Talents' Team-style Introduction in China

WU Jiang    ZHANG Xianglin

**Abstract**: The introduction of team-oriented style and team building has become a trend and focus of overseas talent introduction, it is the key task to improve the performance and quality for overseas talents' introduction. This paper has conducted a real name survey towards overseas talents and found that: ①the presence of overseas talent team building is not well balanced, quite part of them faced a strong team-building needs; ②the existing organizational development environment is not conducive to teamwork, teamwork situation is not ideal; ③the overall assessment of the teamwork situation is not high, 2/3 of them facing varying degrees of work plagued by conflict; ④the existing organizational development environment and organizational climate constraint the team building; ⑤the team building expectations are closely related to their studying age, degree level, disciplines. Under the new situation, about the introduction and practice integration of China's overseas talent, we should pay more attention to team-building needs and characteristics, make more efforts to introduce talents in team style, innovate the management and organizational development to improve the environment, establish and improve risk management and performance evaluation mechanisms of talents introduction.

**Key Words**: Overseas Talents; Introduction; Team Building; Problems Survey

[国家治理]

# 我国社会组织参与国家文化治理的五个着力点<sup>*</sup>

景小勇<sup>1</sup>　刘　燕<sup>2</sup>

（1. 中国国家话剧院，北京　100055；2. 中央财经大学，北京　100081）

【摘　要】社会参与是现代国家治理的重要特征，作为社会方面主要代表形式的社会组织也日益成为国家治理的主体之一。在当前形势下，社会组织作为国家文化治理的重要主体之一，要更好地界定其治理地位，引导和促进其更为积极地参与国家文化治理，需要着力做好五个方面。第一，认清政府干预的底线。处理好政府和社会组织的关系，推动政府转变职能和简政放权，明确政府权力责任清单。第二，发展公民文化权利。作为公民权利的重要内容之一，发展公民文化权利的实现有助于社会组织和公民个人参与国家文化治理。第三，确立社会组织参与文化治理的合法性。社会组织参与国家文化治理要获得公众的同意，要得到政治和法律制度的支持。第四，促进公民参与法治建设。公民参与法治建设为社会组织参与国家文化治理起到了便捷、保障、促进和规范作用。第五，充分发挥信息化建设和大数据的影响。社会组织参与平台更为广阔，与政府之间沟通更为便利，参与文化治理更为科学。

【关键词】社会组织；国家文化治理；政府职能；公民文化权利；合法性；法治建设；信息化；大数据

\* 本文系国家社会科学基金重点项目"国家文化治理体系和能力现代化建设研究"的研究成果之一，编号14AH008。

[作者简介] 景小勇，中国国家话剧院党委书记兼副院长，研究员，山西长治人，研究方向为国家文化治理。刘燕，中央财经大学政府管理学院讲师，山东荣成人，研究方向为政府管理理论与实践。

我国社会主义市场经济的深入，是国家治理战略提出的深刻现实背景。国家治理从技术层面讲，根本和永恒的主题是正确处理政府与市场、社会的关系，而且这个主题永远处于某种进程之中，似乎没有可能达到臻于完美的境地。作为社会方面的主要代表和体现形式，社会组织愈来愈成为现代社会国家治理的重要力量。在中国，它已经并正在参与到国家治理的各个层面和领域。总体而言，社会组织的参与治理是必然趋势和发展方向。具体到国家文化治理，引导和促进社会组织的积极参与，需要把握以下几个方面。

## 一 认清政府干预的底线

欧文·休斯认为作为公共政策基础的市场失灵成为政府干预的理由主要包括如下方面：第一，公共产品的特性决定了需要由政府来提供公共产品，如国防、道路、桥梁、天然气、电力、自来水和排污等公共产品由政府来提供更可行。第二，外部性的存在使政府干预成为可能。对于产生正的外部性的公共产品，个人不愿意承担相应的费用，而对于负的外部性，个人无能力也无权力来使第三方为此付费，所以只有政府是担此重任的不二选择。第三，自然垄断的天然优势使政府拥有所有权或者直接经营效率更高。自来水、天然气、排污系统、电力等具有网络基础设施的关系国计民生的行业不需要过多的竞争，政府来直接经营或者占有所有权更好。第四，不完善的信息使政府干预成为必要。公民个人对信息的把握程度远远不如生产商，只有政府能够要求生产商为消费者提供有关商品的必要信息。

认清政府干预的原因和底线，是正确处理政府、市场、社会三者之间关系的基础。我国由于长期受计划经济的影响，传统上政府能力一家独大，当前需要更加重视培育和发挥市场、社会的作用业已达成共识。但是配置三者关系的主动权仍在于政府，要想进一步鼓励社会组织参与国家文化治理，首先需要政府做出努力。

一是处理好政府和社会组织的关系。广义的政府和社会的关系，是政府和除政府以外力量之间的关系。基本上有四种模式选择："强政府，弱社会"、"弱政府，强社会"、"强政府，强社会"和"弱政府，弱社会"。本文探讨的是政府、市场和社会三种力量参与国家文化治理中所发挥作用的情况，又特别强调政府和社会组织的关系。

我国政府和社会组织的关系体现在三个方面：管理者和被管理者之间的关系；权力让渡者和权力接受者之间的关系；同为参与国家文化治理的合作主体关系。具体说来，我国的社会组织，取得合法的认定手续要在民政部进行登记，要有挂靠的政府部门，政府和社会组织的关系是管理者和被管理者之间的关系。我国在改革过程中，要将政府手中的权力进行让渡，而社会组织是主要的权力接受者，让渡的权力交由社会组织来行使，既有利于提高社会组织管理效率，也有利于减轻政府负担。

二是政府转变职能。我国改革开放的过程，是计划经济向市场经济转变的过程，也是政府转变职能、下放权力的过程。新的时期，需要做到"依法全面履行政府职能。完善行政组织和行政程序法律制度，推进机构、职能、权限、程序、责任法定化。行政机关要坚持法定责任必须为、法无授权不可为，勇于负责、敢于担当，坚决纠正不作为、乱作为，坚决克服懒政、怠政，坚决惩处失职、渎职。行政机关不得法外设定权力，没有法律法规依据不得作出减损公民、法人和其他组织合法权益或者增加其义务的决定。"[①]

政府转变职能的要求促使政府下放部分权力，社会组织是这部分权力的接受者之一。时代的发展，政治经济体制的改革，都需要政府转变职能，都需要将社会组织引入到国家治理中来，而国家文化治理需要广大人民群众的参与，但我国传统上政府和民众之间有着管理者和被管理者之间的隔阂，社会组织的加入充当了桥梁和中介的作用，能够起到很好的润滑剂作用，缓解或消除这种隔阂。长期以来计划经济的影响使社会组织参与面临很多困难，而社会组织加入到国家文化治理中来，是社会发展的必然趋势。"科学的宏观调控，有效的政府治理，是发挥社会主义市场经济体制优势的内在要求。必须切实转变政府职能，深化行政体制改革，创新行政管理方式，增强政府公信力和执行力，建设法治政府和服务型政府"。[②]

三是政府简政放权。这是深化改革的基本要求，主要体现在两个方面：一方面是政府将一部分权力转给社会组织；另一方面是中央政府将一部分权力转给地方政府。中共十八届三中全会上明确提出"进一步简政放权，深化行政审批制度改革，最大限度减少中央政府对微观事务的管理，市场机制能够有效调节的经济活动，一律取消审批，对保留的行政审批事项要规范管理、提高效率；直接面向基层、量大面广、由地方管理更方便有效的经济社会事项，一律下放地方和基层管理"。[③]

政府应当将国家文化治理的部分权力下放给地方政府。我国传统深厚、地域辽阔、人口众多，文化需求既有共性，更有差异，而文化治理的独特之处在于必须经受民众的采纳与接受才可能最终实现，所以部分地、适当地将文化治理权力交给地方政府，更能符合实际，产生好的效果。中共十八届四中全会提出"推进各级政府

---

① 2014年10月23日中国共产党第十八届中央委员会第四次全体会议通过《中共中央关于全面推进依法治国若干重大问题的决定》，《人民日报》2014年10月29日第1版。
②③ 2013年11月12日中国共产党第十八届中央委员会第三次全体会议通过《中共中央关于全面深化改革若干重大问题的决定》，http://news.eastday.com/eastday/13news/node2/n4/n6/u7ai173782_K4.html。

事权规范化、法律化、完善不同层级政府特别是中央和地方政府事权法律制度，强化中央政府宏观管理、制定设定职责和必要的执法权，强化省级政府统筹推进区域内基本公共服务均等化职责，强化市县政府执行职责。"①

四是明确政府权力责任清单。政府权力责任清单是在改革过程中为政府和企业提出的要求。李克强总理在 2014 年 9 月的夏季达沃斯论坛开幕式上详解了政府的三张施政"清单"：第一，"权力清单"，政府应该干什么，"法无授权不可为"；第二，"负面清单"，让企业明了不该干什么，可以干什么，"法无禁止皆可为"；第三，"责任清单"，政府该怎么管市场，"法定职责必须为"。② 这三张清单为政府和市场指明了发展方向，为社会组织参与国家文化治理提供了思路。社会组织参与国家文化治理过程中同样需要处理好和政府的关系，前提是需要政府开出"权力清单"，在文化治理过程中明确政府应该干什么；让社会组织明了"负面清单"，社会组织不该干什么，可以干什么；政府明确"责任清单"，政府该怎么管理和发挥社会组织作用。

"权力责任清单"和"负面清单"的推出有助于处理好政府与社会组织的关系，有助于社会组织的发展和参与国家文化治理。这对明晰政府和市场、政府和社会的权责关系非常有利，同时规范了政府、市场和社会组织的行为。中共十八届四中全会上进一步提出要"推行政府权力清单制度，坚决消除权力设租寻租空间"。③ "权力清单"、"责任清单"和"负面清单"的推出同时又是以处理好政府、市场和社会三者的关系为前提的，三者关系处理得好，权力责任划分得好，"有所为"、"有所不为"的界限明晰，社会组织参与国家文化治理就会更加便捷有效。

## 二　努力发展公民文化权利

公民文化权利是公民权利政治文明的一大进步表现。公民文化权利是公民发展权的内容之一，是公民的基本权利之一，"在社会状态下的发展指的是公民作为社会人个体在政治、经济、文化生活中为获得更多的权利而做出努力的过程"，④ 亦即，公民发展权包括公民文化权利的内容。公民文化权利作为公民发展权的组成部分，

---

①③ 2014 年 10 月 23 日中国共产党第十八届中央委员会第四次全体会议通过《中共中央关于全面推进依法治国若干重大问题的决定》，《人民日报》2014 年 10 月 29 日第 1 版。

② 参阅"李克强详解'施政清单'：政府要拿出权力清单"，中国新闻网，http://www.chinanews.com/gn/2014/09-10/6578987.shtml。

④ 许耀桐，胡叔宝，胡仙芝. 政治文明：理论与实践发展分析［M］. 北京：中央编译出版社，2006.

对于公民权利政治文明的发展具有重要意义。公民文化权利的具体内容包括创作权、受教育权以及公民参与国家文化治理的权利。公民文化权利的实现是公民政治文明进步的体现。文化本身就是相比物质文明更高层面的精神文明。公民参与国家文化治理是公民文化权利的一大进步，更是政治文明的一大进步，而社会组织参与国家文化治理又是公民文化权利中的更高层次的文明，是超越了公民个人层面的集体社会层面的文明。

社会组织和公民个人参与国家文化治理是公民文化权利的内容之一。参与国家文化治理既是公民的一项基本文化权利，也是公民的一项基本政治权利。随着社会的发展和进步，公民文化权利的实现程度越来越高，原有的社会组织和公民个人参与国家文化治理的状况已不能满足公民文化权利实现的要求。要进一步深化社会组织和公民个人参与国家文化治理的程度，就要拓展社会组织和公民个人参与国家文化治理的路径，实现多样化选择；进一步丰富公民文化权利的内容，就要扩宽公民文化权利实现的幅度，实现多维度选择。

参与国家文化治理与推动公民文化权利的实现互相促进。参与国家文化治理包括参与国家文化事业的宣传、教育和发展，参与国家文化治理政策的制定、修改和实施，参与国家文化治理具体活动的设计、实践和评价等，这些参与工作做得好，就有利于推动公民文化权利的实现，而且能够从真正意义上实现公民权利。参与文化治理路径越通畅，程度越高，越有利于推动公民文化权利的实现。社会组织和个人参与国家文化治理是现实发展的需要。公民文化权利随着社会政治、经济和文化的发展，越来越丰富，公民文化权利实现的范围就越广，实现的内容就越丰富，实现的形式就越多样化，实现的途径就越多元化，就越有助于社会组织和公民个人参与国家文化治理。

公民文化权利的实现使公民参与国家文化治理具有理论上的可行性和现实的可能性。公民文化权利是获得法律认可的一项基本权利。《宪法》规定"中华人民共和国公民有受教育的权利和义务，国家培养青年、少年、儿童在品德、智力、体质等方面全面发展"，[1]"中华人民共和国公民有进行科学研究、文学艺术创作和其他文化活动的自由。国家对于从事教育、科学、技术、文学、艺术和其他文化事业的公民的有益于人民的创造性工作，给予鼓励和帮助"。[2]公民的文化权利实现了公民参与国家文化治理才有现实的可能性。

---

[1][2]《中华人民共和国宪法》第四十六条。

社会组织是国家文化治理的主体之一，社会组织参与国家文化治理是获得公众同意的。国家文化治理的主体包括政府、市场和社会三支重要力量。社会组织参与国家文化治理是具有合法性基础的。所谓合法性就是公众的同意。社会组织是政府和市场以外的第三方力量，看似权威性不足，实际却是有群众基础的，也是具备合法性基础的，同时也是具有认同度的。一般而言，社会组织要么是群众的自发组织，要么是政府根据公众的需要而发起或建立的组织，因此具备广泛的群众基础，发起目标也是为了满足群众需要，公众自然也是同意的。社会组织参与国家文化治理是公众意愿表达的需要，是沟通国家政府和公众的重要桥梁和纽带。在具有合法性基础上开展的活动能够获得群众支持，得到国家认可，获得更广泛的推广和更好的效应。合法性基础是社会组织参与国家文化治理的前提保障。

社会组织参与国家治理是政治和法律制度的重要组成。我国现代社会组织管理主要是通过1998年的《中华人民共和国社团管理条例》来进行的，其对社团成立进行了相对详尽的规定，将社会团体界定为"中国公民自愿组成，为实现会员共同意愿，按照其章程开展活动的非营利性社会组织"。虽然目前我国尚没有完备的社会组织管理法，关于社会组织参与国家文化治理方面的法律也有欠缺，社会组织管理法律体系亟须完善。但是，社会组织参与国家治理历来得到党和政府的高度重视，通过政策角度给予了总体的有效指导。2016年8月，中共中央办公厅、国务院办公厅印发了《关于改革社会组织管理制度促进社会组织健康有序发展的意见》，为进一步加强社会组织建设，激发社会组织活力，现就改革社会组织管理制度、促进社会组织健康有序发展提出重要指导。强调了坚持党的领导、坚持改革创新、坚持放管并重、坚持积极稳妥推进的基本原则，明确提出，到2020年，统一登记、各司其职、协调配合、分级负责、依法监管的中国特色社会组织管理体制的建立健全，社会组织法规政策更加完善，综合监管更加有效，党组织作用发挥更加明显，发展环境更加优化；政社分开、权责明确、依法自治的社会组织制度基本建立，结构合理、功能完善、竞争有序、诚信自律、充满活力的社会组织发展格局基本形成。

同时，社会组织是参与国家文化治理的重要方面。中共十八届三中全会提出："紧紧围绕建设社会主义核心价值体系，社会主义文化强国深化文化体制改革，加快完善文化管理体制和文化生产经营体制，建立健全现代公共文化服务体系、现代文化市场体系，推动社会主义文化大发展大繁荣……推进基本公共服务均等化，加快形成科学有效的社会治理体制，确保社会既充满活力又和谐有序。"① 关于文化发展的战略布局和目标实现，在以社会主义市场经济为基础的大背景下，单单依靠政府和市场并不能够充分高效率地实现。在现阶段，社会组织已经与计划经济体制下作为政府的工具和附属大不相同，作为文化建设和文化治理的主体地位日益凸显，参与能力明显增强，参与质量不断提升。

社会组织参与国家文化治理的合法性是提高参与质量的前提和保证。合法性基础是社会组织获得认同的基础，没有合法性，就没有公众的认同，就没有参与国家文化治理质量的保证。先有合法性认同，再有提高参与质量；合法性基础为提高参与质量提供了保证。具备了合法性基础，就具备了群众基础和法律基础，能够保证参与的广泛性和合法性。而在当前的现实中，我国挂靠在政府职能部门名下的社会组织参与文化治理的合法性有保证，而且参与质量也有保证，而没有挂靠单位的群众自发的社会组织参与的群众基础相对较好，代表民意的合法性程度较高，但还需要增强其组织合法性的认同，使其参与文化治理的路径更加通畅，提高其参与文化治理的质量。

## 四　促进和引导公民参与法治建设

公民参与法治建设为社会组织参与国家文化治理开启了方便之门。公民参与法治建设是《宪法》所赋予公民的基本权利，"中华人民共和国的一切权力属于人民。人民行使国家权力的机关是全国人民代表大会和地方各级人民代表大会。人们依照法律规定，通过各种途径和形式，管理国家事务，管理经济和文化事业，管理社会事务"②。随着经济体制改革的深入、政治文明的进步、文化体制改革的开展，我国的社会组织参与国家文化治理也被提到了议事日程。公民参与法治建设有效地助推了公民参与国家文化治理，为参与国家文化治理打开了方便之门，改变了传统的低效率参与状态。在公民参与法治建设的前提下，社会组织参与国家文化治理更加便利，能够做到有法可依、有法必依、执法必严、违法必究。

---

① 2013 年 11 月 12 日中国共产党第十八届中央委员会第三次全体会议通过《中共中央关于全面深化改革若干重大问题的决定》，http://news.eastday.com/eastday/13news/node2/n4/n6/u7ai173782_K4.html。
②《中华人民共和国宪法》第二条。

公民参与法治建设为社会组织参与国家文化治理提供了保障。社会组织参与国家文化治理的一个重要途径就是公民通过参与法治建设路径来参与国家文化治理，使国家文化治理有法可循，公民参与法治建设是参与文化治理的前提和保障，公民参与法治建设的过程就是公民参与治理的过程。参与文化治理和参与法治建设并不矛盾，文化治理离不开法治建设，法治建设需要来自文化治理的认同和支持。

公民参与法治建设促进了社会组织参与国家文化治理。公民参与法治建设提高了多方面的能力，包括知法、守法、懂法和用法能力等，此外，随着法治建设能力的提高，会促进社会组织参与国家文化治理，依法参与国家文化治理，使参与更加理性。公民参与法治建设为社会组织参与国家文化治理开创了更好的法制环境，依法参与国家文化治理，使参与合法性更高。公民参与法治建设为社会组织参与国家文化治理提供了参与经验，依法参与国家文化治理，使参与更成熟。

公民参与法治建设规范了社会组织参与国家文化治理。我国的社会组织参与文化治理缺乏规范的参与程序、完善的参与制度、畅通的参与路径。公民参与法治建设的过程就是规范社会组织参与国家文化治理的过程。公民参与法治建设会为参与国家文化治理提供规范的法律环境、参与秩序、参与路径和参与制度，甚至还会培训规范的组织者和参与者。在规范完善的法律体系之下，社会组织参与国家文化治理将会更便捷有效。规范的参与环境和制度为参与提供了保障，规范的参与路径和参与秩序使参与更通畅，规范的组织者和参与者促使参与由被动转为主动。总而言之，以上几个方面很好地规范了社会组织参与国家文化治理的过程。

## 五　充分发挥信息化建设和大数据的重要作用

随着科学技术的进步，信息化建设迅猛发展，新媒体以多元化的形式快速更新。大数据的影响和所发挥的作用日益明显，"大数据是人们获得新的认知、创造新的价值的源泉；大数据还为改变市场、组织机构，以及政府与公民关系服务",① 伴随着大数据时代的到来，信息化建设和新媒体同样也影响着社会组织参与国家文化治理。

信息化建设和大数据使社会组织和公民个人获得信息更便捷。信息化技术和多媒体的发展使信息以前所未有的速度得以传播。大数据时代甚至开创了一切皆可量

---

① 维克托·迈尔—舍恩伯格，肯尼思·库克耶. 大数据时代——生活、工作与思维的大变革 [M]. 杭州：浙江人民出版社，2013.

化的可能，信息传播得更快，信息发布平台更多，个人垄断信息的时代结束。如此背景下，社会组织和公民个人参与国家文化治理通过政府平台获得信息更快捷，通过互助平台获得信息更方便，社会组织相互之间分享信息也更便利。改变了传统的信息传递方式，政府不再独占信息，和政府接触多的社会组织也不再占有更多的信息优势，对信息的了解程度基本对等，有利于资源共享、优惠政策共享和互助信息共享。这对政府传统的地位是一个极大的撼动。在信息时代，政府很难掌控舆论信息，如何正确加以引导，使新闻媒体舆论发布客观公正，才是最应受到重视的。

信息化建设和大数据的使用为政府推动社会组织参与国家文化治理提供了更广阔的平台。信息化建设和新媒体的发展为政府推动社会组织参与国家文化治理提供了方便，政府可以通过电视网络或者微信平台发布相关信息，包括社会组织信息、国家文化发展战略、国家文化治理的有关政策法规以及参与国家文化治理的具体活动流程等，借此组织和号召社会组织和公民个人有序参与。政府还可以通过电视网络或者微信平台发布召集令，组织社会组织和个人参与国家文化治理。信息化建设和新媒体的发展使召集和参与都变得更加便利。有了交流和共享平台，组织者和参与者都可充分在平台上获得信息和开展活动，改变了传统模式下的电话联系和信函往来，为交流节省了时间和精力。信息化建设和新媒体为信息共享带来了极大的便利，而且这种便利是全方位的，不但方便了组织者——国家、政府和社会组织等，也方便了参与者——社会组织和公民个人等。不但使信息共享成为可能，而且也极大地提高了信息共享的效率，提高了社会组织参与国家文化治理的效率。

信息化建设和大数据使政府和社会组织之间的沟通更便利。传统模式下的政府和社会组织联系主要是通过两个方向的路径来进行的，自上而下地传达文件精神，传递中央指示，自下而上地反馈民情，反映民众的态度。这样的直线性沟通方式有利也有弊，好处是传递信息单一，对象明确；弊端是耗时费力，甚至可能出现传递失误而毁全局的尴尬被动局面。现代科学技术的发展改变了传统呆板的沟通方式，通过网络和微信平台，使参与者和组织者之间的联系更通畅。交流不再是单向的，而是全方位的、多视角进行的。交流不再局限于上下级之间，而是所有的相关者都能参与。对信息的把握更完全，对政策的了解更全面，对活动的互动更积极。大数据时代，一切"数据化"皆有可能，甚至沟通也能变成数据。"社交网络平台不仅给我们提供了寻找和维持朋友、同事关系的场所，也将我们日常生活的无形元素提取出来，再转化为可作新用途的数据"。①

---

① 维克托·迈尔—舍恩伯格，肯尼思·库克耶. 大数据时代——生活、工作与思维的大变革 [M]. 杭州：浙江人民出版社，2013.

信息化建设和大数据的运用使社会组织参与国家文化治理更科学。信息化建设和新媒体的发展，特别是大数据为社会所带来的变革令人惊叹，如英国学者维克托所言，大数据使一切皆有可能进行量化，一切皆有可能数据化，包括沟通。这对社会组织参与国家文化治理而言是一项颠覆性的变革。数据化使人们对事件的分析更加科学，本来量化极为困难的领域也因为大数据所带来的技术革命，而极大地提高了效率。社会科学领域最大的困难就是量化的困难，大数据的出现力图克服这一困难，且数据化能够大大提升决策和治理的科学性。

**参考文献**

［1］Charles Horton Cooley. Social Organization［M］. 北京：中国传媒大学出版社，2013.

［2］爱德华·弗里曼. 战略管理——利益相关者方法［M］. 上海：上海译文出版社，2006.

［3］奥尔森. 集体行动的逻辑［M］. 上海：格致出版社，上海三联书店，上海人民出版社，1995.

［4］坚定不移沿着中国特色社会主义道路前进　为全面建成小康社会而奋斗——在中国共产党第十八次全国代表大会上的报告. 2012-11-8.

［5］欧文·E.休斯. 公共行政学［M］. 北京：中国人民大学出版社，2015.

［6］唐兴霖. 国家与社会之间——转型期的中国社会中介组织［M］. 北京：社会科学文献出版社，2013.

［7］王浦劬. 政治学基础［M］. 北京：北京大学出版社，2014.

［8］杨光斌. 政治学导论［M］. 北京：中国人民大学出版社，2011.

［9］中共中央关于全面深化改革若干重大问题决定. 2013-11-12.

［10］中共中央关于全面推进依法治国若干重大问题的决定. 2014-10-20—23.

［11］中共中央关于制定国民经济和社会发展第十三个五年计划的建议. 2015-10-26—29.

# Five Origins of Force of the Better Attendance of the State's Cultural Governance for the Social Organizations

JING Xiaoyong    LIU Yan

**Abstract**: Social participation is the important character of modern national governance. The social organization as the main representative of the society is becoming the one of the main bodies. Because of the influence of the long-term planning economy, the strength of Market and Society still needs cultivation. In the current situation, the social organization as the one of the main bodies need to define its governance status, lead and push it to take part in the national culture governance, there are five aspects for the social organizations to do: First, recognize the bottom line of government. Deal with the relation ship between government and social organizations, transform the governmental functions, stream government and delegate authorities, know the power and obligation of government. Secondly, develop the cultural rights of citizens. The development of cultural rights and the participation of cultural governance are good for each other. Thirdly, the legitimacy of social organizations' participation of cultural governance should be assured. The social organizations' participation of cultural governance needs the approval of the public and the support of political institutions and law. Fourthly, facilitate the citizens to take part in the law construction, which play the roles of pushing, security, facilitating and standard. Fifthly, develop the information and big data. Supply the platform for the cultural governance, make communication more convenient, make information easier-gathered and make governance more scientific.

**Key Words**: Social Organization; National Culture Governance; Governmental Functions; Citizens' Cultural Rights; Agreement; Law Constructions; Information Construction; Big Data

# 简论"新型城镇化"之"新"

仇保兴

（中国城市科学研究会，北京 100835）

【摘 要】经历了 30 多年高速发展的中国城镇化已正式进入"深度城镇化"阶段，未来 5~10 年是中国城镇化能否避开先行国家城市化弯路、超越"中等收入陷阱"、治理各种"城市病"的最关键时期。在此背景下，新型城镇化成为党中央治国韬略的核心抓手。如何将"集约、智能、绿色、低碳和人文"等理念融入城镇化之中，是本文试图回答的基本问题，笔者从八个方面入手对新型城镇化之"新"的内涵特征与未来突破重点方向给予阐述，为新型城镇化从国家战略到地方实践的落实提供路径选择建议。

【关键词】城镇化；新型；转型；路径；中国

为贯彻中共十八大精神，新一届党中央提出：我国要走新型城镇化的道路，一时间新型城镇化成为社会各界热议的话题。回顾改革开放以来，我国有 5 亿多农村人口融入城镇，城镇化与工业化相互促进，基本解决了农村剩余劳动力的就业问题，形成了一批具有国际竞争力的城市群和中心城市，提高了国家竞争力、科技创新和对外开放水平。但取得巨大成绩的同时，也存在资源和能源浪费、生态环境恶化、大城市病凸显、农民工"市民化"诉求得不到满足、城市特色丧失、管理模式粗放和防灾能力薄弱等突出问题。由此可见，我国城镇化模式必须转型，但新型城镇化

[作者简介] 仇保兴，国务院参事，中国城市科学研究会理事长，中国城市规划学会理事长，经济学、工学博士，中国社会科学院、同济大学、中国人民大学、天津大学博士生导师。

与传统城镇化之间存在哪些主要区别？如何将"集约、智能、绿色、低碳和人文"等理念融入城镇化之中？这些正是本文试图回答的问题，笔者认为新型城镇化应在八个方面实现新突破。

## 一　从城市优先发展转向城乡互补协调发展

### （一）解决我国"三农"问题应尊重客观规律

首先，城市与农村有各自不同的发展规律。从历史上来看，凡是用城市发展规律来取代农村、农业发展自身规律时，"三农"问题就趋向于恶化。比如，曾经大力推进的人民公社、大办食堂、大炼钢铁、农业学大寨等运动，都试图沿用城市和工业发展的模式来解决农村问题，反而堵塞了农民的致富门路。改革开放初期，邓小平同志总结了基层农民的创造，推行农村联产承包责任制，真正抓准了农业农村发展的自身规律，带来了农村生产力的大爆发。

其次，由于我国的特殊国情，绝不能盲目照搬发达国家的现代农业道路，那种建立在化学农业、能源农业基础上的大农业，在我国大多数地方是行不通的。从国外实践来看，凡是以外来移民为主和土地平整的地区才有可能推行"土地集中式规模农业"，而以原住民为主且人多地少、地形复杂的地区，推行"规模化社会服务"同样可以实现农业现代化。更为重要的是，务农人口和在农村居住的人口完全是两回事。以原住民为主的法国、日本等国乡村居住的人口占总人口的比率超过30%，我国也将会呈现同样的情形。

最后，城乡一体化发展绝对不能搞成城乡"一样化"。许多基层干部对"一体化"的片面理解就是用城市、工业来消灭农业、农村和农民，出现了盲目撤并村庄、盲目对农居统一进行改造、盲目安排村庄整治时序、将仅适用于大城市近郊区的农民"上楼"集中居住模式盲目推广到农业区域等问题。

### （二）先行国家四种城乡发展模式

一是城乡相互封闭式发展模式。持这种观点的人认为：城市在城镇化过程中会像一个吸血鬼，把农村的人力、资源、财物都吸收了，却把污染留下，造成农村的萧条，所以城乡之间必须要通过体制壁垒、身份差别来相互隔离。但无论是苏联的集体农庄，还是我国长期实行的城乡二元结构体制都说明这一理论在实践上不可能成功。

二是城市优先发展模式。此模式在非洲、拉丁美洲有过长期的实践，其理论依据是"华盛顿共识"，即城乡发展模式必须遵从金融自由化、经济自由化、资产私有化及政治民主化等"发展原则"。但事实上，农村土地的私有化会导致大量失地农民涌向大城市，造成大城市恶性膨胀，越过人口红利峰值即刘易斯拐点之后，长期的衰退就会接踵而至。这一发展模式导致"拉美陷阱"的出现和非洲经济的发展困境。一方面，由于大量农民把土地"一卖了之"、迁移到城市中来，但却找不到工作，在城市周边形成大量的贫民窟。联合国人居署 2005 年度报告《贫民窟》揭示了非洲和拉丁美洲的贫民窟状况，城市 50%~70% 的人口在贫民窟中居住，产生了非常严重的社会动荡、投资环境恶化等问题。另一方面，由于农村劳动力过度转移，造成了农产品歉收和日益严重的饥饿问题。

三是城乡同质化发展模式。在 20 世纪初的美国，机动化和城镇化同时发生。又恰逢美国出于"冷战"需要防原子弹，缩减城市人口密度，诱导人们住到郊区去，再加上国家补贴高速公路的大规模建设，导致城市低密度地蔓延，演变成"车轮上的城镇化"。如果我国按照城乡同质化模式发展，所有的耕地都将变成停车场和道路。

四是城乡差别化协调发展模式。典型的例子是欧盟的一些国家如法国以及亚洲的日本，在这些国家，游客离开城市一步就能看到美丽的田园风光，但在美国大部分地区城乡之间的界限非常模糊。欧盟国家及日本的农村人口一般集聚在历史形成的村落之中，并被开阔的原野和田园风光环绕着。这为发展乡村旅游奠定了良好的基础，并由此带动了带有地理标志的优质特色农产品的销售，形成农村可持续发展的独特模式。如法国香槟地区所有生产发泡果酒的农户都可以共享香槟酒这个品牌，但必须要保证质量达到要求；同时，该地区的村庄基本保持了古色古香的风貌（中世纪以来几乎没有什么变化）。优质农副产品加上特色旅游形成了当地经济发展的支柱。韩国、日本的情况也类似，这些国家每年有 1‰ 的人被农村低成本、无污染高质量的生活条件所吸引，回到农村定居，农村产业结构实现了从传统农业向服务型经济转变，走出了一条农村绿色发展道路。

由此可见，城乡经济社会一体化发展，不是要把农村都变成城市，更不是追求城乡风貌一样化，而是要按照城乡各自的发展规律，走城乡差别化互补、协调发展道路。现在基层有一些观点，主张用城市的办法改造农村、将农村改造成为城市、用工业的办法改造农业，那样就会导致城乡"同性相斥"，难以萌发生态文明。

## （三）城市和乡村应遵循不同的发展规律才能互补协调

城乡空间差异化协调发展的思路是基于城市和乡村具有不同的内在发展规律。

从生产角度来讲，农村农业是以家庭经营为主，城市工业是以企业为主、讲究专业化分工和合作。从消费角度来讲，农村农业是低成本循环式、没有任何资源在传统农业中被浪费或成为垃圾，农耕文明能够长期延续，正因为其本质上是循环式的。而城市和工业是高消耗直线式的、有很强大的生产和消费能力，但天生缺乏降解能力、难以形成循环经济。从公共品提供角度来讲，农村农业以自助合作为主、历史上修桥铺路等公共品提供大多是通过私人捐助或老百姓集资来实现的，而城市的公共品服务则是由政府包办的。从景观特征来讲，农村农业是自然、空旷、情趣、传统静态的，城市工业则是文化、现代、娱乐、多样和动态变化的。从空间关系来讲，农村中生产、生活和生态的空间三者合一，这种空间结构是有效率的存在，而城市是工业区、居住区、商业区等功能分区的空间是相对分离的。因此，城乡协调发展就要承认和利用这些差别的存在，遵循符合生态文明观的村镇规划与建设原则，才能使城镇化和农业现代化相互促进、健康发展。

由此可见，符合生态文明观的乡村建设，不仅要尽可能避免盲目撤村并庄、异地搬迁脱贫、逼迫农民"上楼"住进城市社区等错误做法，而且要采取"以奖代拨"的办法鼓励开展"走平坦路、喝干净水、用平价电、住节能房"等事关民生的"宜居村庄"整治，有条件的地方还要推行"特色旅游村庄"、"历史文化名村"和"有机农业特色村"等与城市"错位"的建设，为开展乡村旅游、促进当地农业现代化奠定基础。

## 二 从大城市过度扩张转向生态新城和小城镇协调发展

### （一）以"有机疏散"缓解"大城市病"的必然性

随着我国城镇化进程步入中后期，大中小城市和小城镇发展失衡的问题越来越突出。首先，由于大城市行政等级制度和规模集聚效应的双重作用，我国一些大城市规模扩张呈现出失控的状况。尽管人们对"北、上、广"等大城市交通拥堵、空气污染等方面"城市病"的抱怨日渐激烈，但仍然难以阻挡这些大城市的人口膨胀。其次，全国小城镇正呈现相对萎缩的趋势，据 2000~2010 年 10 年的统计，小城镇居住人口从占总人口的 26%下降到 20%，不少小城镇人居环境退化、管理粗放、投入不足、环境污染严重。最后，中西部一些地区盲目照搬东部沿海地区城镇化模式、一味攀比城镇化速度和城市规模的"空城"现象正在涌现。实际上，城镇的最佳规模不仅与城市产业性质（能否提供足够的就业岗位、资源集聚和技术创新的能力）相关，而且还与城市产业与区域中心城市的互补程度和城市自身是否具有特色等方面有关。如我国经济学家一般认为100万人口的城市具有合理规模，而德国同行认为20万人口规模较为合适，意大利经济学家则认为5万~10万人口规模较为理想。由此可见，提高城镇化质量，必须同步新建一批卫星城，改善中小城市和小城镇的人居环境，同时要制止部分地区层层分解城镇化指标、人为造城等错误做法，实现大中小城市和小城镇的协调发展。

## （二）生态新城建设与既有城市生态化改造

生态城市是国际流行的城市发展新模式，虽然其基本定义尚未精确化，但空间紧凑、资源循环、生物多样性、功能混合、能源节约和再生、对自然低冲击和宜居宜业已成为生态城市规划的共识。

一方面，我国要适时推行生态新城计划、有机疏散大城市人口。几年前，以天津中新生态城、深圳光明新区等为代表，启动了一批新城新区生态城市试点，并在该领域与新加坡、英国、德国和瑞典等国开展了广泛的国际合作。针对"生态城市"名称易被滥用的问题，设立了城市新城新区的生态城市门槛，从城市规划建设伊始就把生态化的指标体系植入城市管理的各个领域和环节。生态新城区规划必须要满足六项基本条件：一是建成区人口密度必须大于每平方公里1万人；二是可再生能源应用比例大于20%；三是绿色建筑数量占总建筑数量的比例大于等于80%；四是确保生物多样性和自然斑块的保护利用；五是优先发展绿色交通，市民出行中步行、自行车等公共交通的使用比例大于65%；六是拒绝高耗能、高排放的项目，单位GDP能耗应低于平均值50%。

另一方面，要积极推进既有城市的生态化更新。我国已有一批城市具有良好基础，已获得国家园林城市、环保模范城市、卫生城市、节水型城市、中国人居环境奖等称号；产业转型同步进行、正步入后工业时代；市领导和市民群众有较好的生态文明意识、生态化改造目标和措施扎实、能有效应对面临的污染、缺水、耗能和地质灾害等问题。对于这些城市，将按照城市规划引导建筑、交通和循环系统的改造，优化产业结构，有组织、分步骤地引导城市实现发展转型。

## （三）绿色小城镇建设必要性与基本策略

先行国家的实践表明，在城镇化进程中要保持小城镇的健康发展，此举可以缓解"拉美陷阱"的三大病症：人口过度向沿海地区和大城市集中、加剧区域发展不均衡和中小城市发展迟缓甚至萎缩，贫富差异日益扩大，务农劳动力过快从农业流失，造成农产品歉收和危及国家安全。

但我国不少经济学者受西方新自由主义学说影响，基于大城市人均生产力水平比小城市高得多的统计数据，建议我国城镇化要走以超大城市为主发展的路子；有的甚至强调要建设若干个人口超 2000 万的超级大城市来容纳进城农民。这些错误的观点，早已被先行国家城市化实践所否定。实际上，大城市国际贸易的交易成本最低，中等城市区域商品交易成本最低，而小城镇则是周边农村农业服务成本最低的载体。历史早已证明小城镇是一种有效率的组织存在的合理性。

当前，我国小城镇健康发展面临的挑战颇多：大城市的人口凝聚力越来越强，因为有充足的土地出让金和城建维护税，城市面貌、人居环境也日新月异，从而吸引越来越多人口向大城市集中，此时若不及时巩固与农业现代化直接相关的小城镇基础地位，我国很有可能会走向错误的城镇化道路。目前不少小城镇产业基础比较薄弱、为农村和农业服务的公共设施投资不足、人居环境又呈相对恶化的状况，亟待迅速改变。

第一，为扭转这种不利局面，当务之急是要扶持一批绿色小城镇和重点镇。绿色小城镇概念首先指的是小城镇至少有一套比较完善的规划、建设和管理的制度。因为城镇的规划建设是一个过程，这个过程需要规划师技能、规划法规执行和民众参与相结合。

第二，创立一套因地制宜的新能源应用机制。农村地区发展可再生能源潜力很大，星罗棋布的小水电又可与间歇性风力、太阳能发电相互结合和储蓄电力。农村能遍地俯拾的秸秆压缩之后可以为农户提供燃料，这类可再生能源在全社会能耗中占 20% 以上。

第三，建立一套能为新能源汽车应用的供电系统。当前我国城市推进新能源汽车举步艰难，尽管每辆车补贴达 12 万元，但还是因为充电不方便而很少有人使用。但是在小城镇，可以像发展电动自行车那样发展农用电动车，由于农用电动车耗能低，可直接从农房或可再生能源"智慧电网"充电。如某小城镇平均每天有 1000 辆电动自行车和电动农用车在线进行充电，就有助于小电网稳定运行。一旦这套系统推广应用，新能源汽车在我国的普及难题会因"农村包围城市"而迎刃而解，进口石油的压力也会大大减轻。

第四，建立一套农村绿色建筑推广模式。农民富裕起来以后，也会谋求住宅的冬暖夏凉、提高居住舒适性。如果用本地工艺和材料，再结合一些小型、实用的节能技术，将当地农居改造为宜居的绿色建筑，就可达到节能、舒适的目标。

第五，依靠信息技术建立一个没有假货的超市。由于相应的法规建设滞后和管理模式粗放，我国正处于伪劣商品的高发期。在大中城市民众通过网络举报围剿伪劣商品的同时，缺乏对伪劣商品辨别能力的广大乡村农民和小城镇居民则深受伪劣假冒商品泛滥之害。据专业人员的调查，在某些小城镇杂货商店中，除了电器类与本地产的土特产之外，鲜有质量合格的商品。在小城镇建有没有假货的超市，还有利于城乡对接和优质农副产品开发销售。

第六，建立一套新的"三网合一"信息网络系统。"三网合一"式新网络是价格比较低廉、技术已经成熟、网速明显提升和可以兼容众多信息产品的新系统。但由于城市中传统三网（通信网、广播电视网、互联网）分别形成了固有的标准、生产商和相应的利益集团，将三网融合难度较大。但大多数小城镇却是空白点，推行"三网合一"也可以用"农村包围城市"，让住在小城镇里的居民先享受网络快、廉价、节目和服务内容更丰富等方面的好处。

第七，建设饮水安全、污水和垃圾处理基础设施。当前我国小城镇必要的基础设施短缺严重。亟须从小城镇的现状出发，推广适用、小型、低成本、无害化的饮水安全、能源供应、污水处理、垃圾处理等基础设施。

## 三　从高能耗的建筑转向低能耗的绿色建筑

### （一）我国建筑模式应适应能源储量失衡的国情

首先，我国资源中最丰富的煤炭储量人均只有世界平均值的 55%，而人均石油和天然气储量分别只有世界平均值的 7.4% 和 6%，我国资源的现状是"富煤少气贫油"，以煤代气代油、节约能源是保障能源安全的长期战略。

其次，我国要达到发达国家水平，按照最节能、能效最高的日本的标准（人均年消费石油约 17 桶），乘以我国现有的人口数量，每年所需石油将高达 36 亿吨，而国际上每年石油贸易量仅为 20 亿吨，2009 年全球石油总产量为 35 亿吨，预计几年内将达到峰值。由此可见，我国的节能模式必须超越日本，才能满足和平崛起的需要。

再次，我国已经超过美国成为全球第一温室气体排放大国。数据表明，丹麦、挪威、德国等国的碳排放已实现负增长，美国近十年的碳排放年均增长率为 1%，而我国则为 4.7%。我国排放的温室气体中 30% 为转移排放，即通过国际贸易实质上为满足发达国家的高消费而排放。

最后，能源消耗的三大板块分别是工业、交通和建筑。从世界平均水平来看，能源消耗结构中工业占 37.7%、交通占 29.5%、建筑占 32.9%，而我国正值工业化高潮期，建筑能耗约占 26%、交通能耗占 10%、工业占 60%~70%。按照发展趋势来看，工业能耗占比将随着技术创新、环境政策和产业转移等大幅下降。未来我国的能源是否安全是由当前的城镇化模式决定的。如果我国的主要交通工具不是绿色交通、轨道交通，而是以私家车为主；如果城市建设模式不是密集型城市，而是美国式的蔓延型城市；如果每年 20 亿平方米的新建筑仍是能耗高的建筑，仅建筑年均能耗就将很快超过 12 亿吨标准煤，占总能耗 30% 以上，并排出同比例的温室气体和污染物，那么，就不可能为子孙后代留下"天蓝、山清、水净"，而且建筑、交通模式和城市密度一旦形成，今后就难以进行调整。

## （二）绿色建筑设计的基本原则

绿色建筑，因其具有节能、节地、节水、节材、环保的"四节一环保"特征，是当前节能减排最有效的方式之一。绿色建筑在节能减排的同时，对减少室内外污染，保护环境，改善居住舒适性、健康性和安全性都具有现实意义。绿色建筑设计中要着眼于减少全生命周期资源和能源的使用，必须尽量采用低品质的能源，如直接利用地热能、太阳能、浅层地热能、风能等。尽可能采用可循环材料和简单廉价技术，如通风、外遮阳等。用低品质的能源进行建筑的整体和基础性调温，用高品质的能源进行局部性、精细化的调温，这种组合应该成为绿色建筑设计的通则。

此外，还要从单一产能建筑走向集合分布式绿色能源系统，也就是把电梯的下降能、风能、生物能和太阳能等组合起来在小区内部使用，白天有多余的电力可以向电网供电，晚上电网反过来向小区供电，这样可以做到节能 60%~70%。据专家分析，预计到 2020 年清洁能源如太阳能和风能发电的成本将接近目前燃料发电。这意味着可再生能源与建筑一体化潜力巨大。

## （三）全面推行住宅的配件化和全装修

我国住宅二次装修每年所消耗的资源市场价值高于 300 亿元。据测算，与传统施工相比，配件化建房模式大约可以节能 20%、节水 63%、节木材 87%、产生垃圾量减少 91%。对新建建筑执行强制性节能标准，实施严格的审查制度和处罚措施，对建筑全过程的所有环节进行监控，认真执行建筑节能标准。

## （四）建立各类用地、财政税收激励政策

对绿色建筑减免相关税费、直接财政补贴和土地开发容积率返还等优惠政策；对可再生能源在建筑中应用实施上网电价补贴和财政扶植制度。

## （五）开展既有建筑节能改造

据统计，大型公共建筑和商用建筑单位的耗能比民用高 5~10 倍。由此可见，机关单位应该率先垂范、政府办公楼应先行节能，通过试点示范和专家诊断，研究制订出经济合理的节能改造方案，然后带动全社会公共建筑和商用建筑的节能。推广建筑物立体绿化适合于我国大多数城镇，夏季可减少 20% 的空调能耗。

对北方地区供热进行强制性计量改造。北方地区城镇建筑总量仅为全国 10% 多一点，但耗能已占全部建筑能耗 40% 以上。以北京市为例，一个供热季节每平方米建筑就需 19 公斤标准煤用于供暖，约为发达国家的 2~3 倍，可见节能潜力巨大。从已推行供热计量改革的城市实践经验来看，实施供热分户计量收费、提高系统调控水平，可以节能 30% 以上。如果我国北方地区所有城市实现供热计量收费，每年可节约 4000 多万吨标准煤，5 年就是 2 亿多吨标准煤，二氧化碳减排 4 亿多吨，城市空气污染将明显减轻。要规定各城镇完成供热计量改革的期限，加快推广供热体制改革的成功经验。

## 四 从盲目克隆国外建筑转向城市文脉传承和特色重塑

### （一）正确理解城市特色创建和文脉传承

首先，城市的本质内涵是使人们的生活更美好，而不是为了机器或汽车来建设城市。具有历史文化特色的城市是长期尊重本地民众需求、本地文化的物化建筑艺术，必须得到传承和发扬。

其次，知识经济时代，城市的竞争力突出表现在城市吸引人才的环境和宜居等方面，城市的独特宜人风貌、社会安定、服务功能的高品质等已经成为人才迁居的首选因素。

最后，先行国家在城市化中期阶段都出现过城市美化运动。如在城市中心建设纪念性空间，在市区建设环城绿道、绿地公园、纪念性广场等，这些都是欧洲推行城市美化运动的一些成功经验。美国在 20 世纪初兴起城市美化运动，如芝加哥市通过结合原有工业区、城市中心区的改造，并借助举办世界博览会的契机进行城市美化整治，带动了产业转型。我国也应适时适度进行"美丽中国城市"整治，恢复城市特色、优化人居环境。

## （二）构成城市特色的主要元素

一是街道。街道是人们利用率最高的城市元素，除满足可达性外，还要强调可识别性、连续性和方向性。可识别性方面要注重绿化配置、功能聚集、桥梁组合等要素；连续性方面要注重尺度、对比、沿河地形地貌、建筑式样等，形成整体感；方向性方面要注重沿街道特征变化，如地形从高到低、建筑从大到小、花草灌乔合理搭配等，便于将城市各部分连接在一起。一个经典的例子是法国巴黎的香榭丽舍大道，其可识别性、连续性、方向性等特征都非常明显。人们到了香榭丽舍大道，就可以看到凯旋门，另一边就是拉德方斯新凯旋门，提示香榭丽舍大道是从历史、现代通向未来，任何走在街道上的人都不会迷路，但我国许多城市的道路缺乏这"三性"。

二是边界。边界是指除道路之外的线状空间的分界面。如"绿道"将生态和人文敏感区与其他地理区域区分开来，特别是河岸、湖岸这种开放空间的区分界线作用十分明显。巴黎塞纳河为保护历史风貌，仅将防洪标准定为十年一遇，巴黎《城市宣言》第一句话就是：把塞纳河优美的空间开放给全世界眷恋中的情人们。正是这种规划建设理念使巴黎连续多年被评为"最具文化特色的城市"。城市周边包括被道路分割的树林、湿地、湖泊、台地和山丘等都是重要的景观设计节点，应注重与城市建筑的互补衬托作用。

三是区域。区域是指具有一致性的城市空间，是城市内部展开的景观肌理。城市是人类构建的最宏大的自然和人工的复合体，是由不同纹理的区域组合成的。如某个城市具有多种独特的景观区域，其吸引力就会涌现。例如，多年被评为国际旅游城市榜首的中国香港就具有五种不同的区域景观。在区域特色保护方面一个成功的典范是青岛的历史街区——八大关，该街区很好地保持了原有的特色，即欧式红瓦、黄墙和绿树，离开街区一步之遥就是现代化的城区，而传统街区内的空间结构和建筑风貌基本保持百年不变，同时又显山露水，形成人工建筑和自然风光的和谐格局，建筑风貌既协同一致而又具多样性。由于没有任何两幢建筑的外形结构和细节设计是一样的，这种单体建筑各具特点但整体和谐的风貌形成了区域独特的感受焦点。

四是节点。节点是景观高潮点，是路与路、路与河、路与林相互交叉之处及公园、广场、交通枢纽等。复合交通枢纽、运动场、大学校园和公共建筑群等都应通过精心设计成为节点的表现形式。当前尤其要避免出现那些大而无当、对称气派、割裂城市文脉的大广场建设项目。

五是标志物。标志物是可从外部欣赏的构筑物，不在于体量大，在于它外形的典雅和文化内涵，同时也在于它与周边环境的协调。杭州的保俶塔由于传奇的历史故事、独特的外形和与宝石山、西湖的"黄金"组合，不仅现在是、将来也永远是杭州的标志物。

## （三）城市历史文化遗产保护与特色重塑

我国传统文化充满着"敬天、顺天、法天、同天"的原始生态意识。我国是农耕文明历史最长的国家，农耕文明的特点是人类往往逐水草而居，要在一个地方长期定居，我国的历史文化名城一般都有千年以上的历史。人类定居一个地方那么久，必然会创造出一整套与周边环境友好相处、天人合一的生存和生产理念。这种原始生态理念包含着呵护环境、节约型建筑模式和生产与生活的习俗经验，是推进生态文明建设最宝贵的历史遗产。我们应该在城镇化过程中传承和弘扬这些古老的智慧，重塑城市自身特色。城市史已证实，对历史文化遗产的保护和传承在欧洲这些国家已经成为城市发展的可持续资源。日本学者在第二次世界大战后也提出社区魅力再造的计划，至少有七个城市的社区实现了由下而上的动员，居民积极参与，恢复了许多历史与生态景观，创造出有影响力、归属感和独特的社区文化和空间形态。而且这类历史文化特色城市的魅力在全球化时代正与日俱增。

城市历史文化遗产保护与特色重塑应遵循以下三项准则：

首先，"原真性"准则。因为保护文物要坚持历史真实性标准，就要保护它所遗存的全部历史信息。对历史建筑或街区的维修保护一定要坚持梁思成先生所提出的"延年益寿"，而不能是"返老还童"，也就是要"整旧如故，以存其真"的原则。维护修补要尽可能使用原来的材料和工艺。当前尤为重要的是要防止对文物古迹采取大修大整，油漆粉刷一新，甚至推倒重造，其结果是"拆了真宝贝，造了假古董。"

其次，"整体性"准则。因许多历史古迹、文化遗产是与它的环境同时存在的。从文化信息来说，保护历史街区本质上是保护历史文化名城的历史信息。单体文物建筑所传承的历史信息是有限的，许多信息则承载于古迹周围的环境、区域的街区形态和结构或城市的景观风貌之中。所以，不仅要分层次、分门别类地对其进行保护、维修和整治，还要对历史街区周边新建建筑的高度和式样进行控制。

最后，"可读性"准则。凡是历史文化遗物，就会留下沧桑岁月的印痕，人们可以从这些痕迹上读取"历史事件"和逐步演变的规律。对于不同时代的变故，如战争的破坏、历代维修的痕迹、文化变迁的演绎、突发性事件的留痕和岁月气候的蚀刻，都构成了可读的历史信息。在整治维修时，绝不能以现代人的审美标准、旅游观光的要求恣意修改和抹杀历史。但我国习惯上对历史建筑和街区"大团圆"式的整体翻修，然后再用油漆将其粉刷一新，这极易造成对"可读性"的破坏。

总之，承载历史文脉和独特景观的我国城市的形成往往历经了几百年甚至几千年时间的积累和历代文人艺匠的雕琢和建设，绝不是现代人一朝一夕精工打造能创造的。也就是说，文化遗产保护和城市特色的形成是一项长期的、可持续性的工作，绝不能急于求成。

## 五 从高环境冲击型的城镇化转向低环境冲击型的城镇化

### （一）环境污染凸显的本质是城市发展模式失当

首先，城市与自然界最大的差别在于城市的降解功能过弱，生产和消费功能过强，所以城市对周边环境的冲击极大。城市的生态脚印是指一个城市需要多大的空间资源来支撑它的生存与发展。发达国家城市的"生态脚印"一般比自身面积大出几百倍甚至几千倍，而某些有强烈环境保护宗教信仰的发展中国家以传统服务业为主的城市，其"生态脚印"只有10倍甚至几倍，"生态脚印"较小，对自然环境的破坏和干扰就小。

其次，水危机实际上是城市的发展模式不恰当导致对原有水生态环境冲击过大而引发的水质性缺水。如我国流经城镇的河流有50%经常发生断流、60%是劣五类水体，完全丧失了水生态的功能。城市空气污染加剧，基本上是由于生产、生活活动的废气排放与城市上空形成逆温层共同作用形成的。据国内外环保组织的最近调查，全球空气污染最严重的10个城市，我国就占了7个。

显而易见，人类社会要学会与自然和谐相处，前提是城市与自然和谐共生，这就是低冲击开发模式的新理念。推广该模式是20世纪90年代以来国际生态学家与城市规划师的共识。

### （二）解决水危机和水环境恶化应基于低冲击新理念

1. 从单向治理向水生态整体修复优化转变

一是提高污水处理费。据测算，只要污水处理费达到0.8元/吨以上，污水处理厂就完全能够通过产业化吸引社会资金来建设。二是加快城镇污水收集管网的建设，中央财政实行以奖代拨的政策，每公里管网建成之后经验收补贴20万~40万元。三是在年降雨量500毫米以上地区，全面推行雨污分流管网建设。四是采用生态修复技术，全面治理河流、湖泊的水污染。

### 2. 从重末端治理向侧重源头治理转变

低冲击开发的原则是城市建成后与建成前相比，地表水径流的分布基本保持不变。为此，城市必须扩大可渗透的面积、多途径进行雨水收集、多层次进行废水的循环利用，采取"不连接"式排水模式。建筑、小区、道路和主干道水管依次分级储存雨水，雨水储满上一级以后再流到下一级。这样，一般 30~50 毫米的雨量，主街道不积水，只有大暴雨把各级储水空间都装满之后，雨水才会经分级排水系统并沉澄污物泥沙后才流入自然水体。

### 3. 从开发—排放单向利用向循环利用转变

国际水协提出污水处理设施建设必须遵循 16 字方针：适度规模、合理分布、深度处理、就地回用。适度规模指的是污水处理厂服务人口规模一般为 20 万~50 万人；合理分布是指污水处理厂在城市中的布局要均衡，以便于就近收集污水，这样成本低、能耗少；深度处理是指污水处理后要达到"1 级 A"的标准，出水就可达到四类水的标准，再通过人工湿地过滤，就可以实现水资源的就地回用。

### 4. 从简单地对洪水截排向与洪水和谐相处转变

我国对流经城市的河道"客水"的治理，已有一套较成熟的办法，但是对"主水"造成的内涝治理仍面临众多难题。我国城市内涝频发的原因众多，如排水管网的标准太低、雨污合流导致水中的杂质在管网中沉淀、城市表面的可渗透面积缩小而不能有效储存雨水、缺乏城市基础设施如交通隧道等与排涝和雨洪利用的一体化设计、简单对流向河道的排污口进行截污纳管等。当暴雨来临时，就会因排水管网沉积泥沙、排洪不畅造成内涝。以上这些错误都必须通过"低冲击设计改造"进行修正。

## （三）从水环境低冲击向综合性低冲击模式转变

城市建设不仅应对水生态环境实现低冲击，对任何生态、文化环境都应是低冲击型的。例如，采取"紫线管制"对传统古建筑群、历史街区、历史文化遗产、古代墓葬群、古城镇遗址等予以保护，减少城市发展的冲击；采用"绿线管制"减少对森林植被、湿地、水源地和公园绿地的冲击；采用"蓝线管制"减少对水系、江河湖海景观带和水生态功能的冲击；采用"黄线管制"将具有负外部性的重大基础设施项目（如污水厂、污水泵站、垃圾场、垃圾焚烧站、公交场站等）所需的空间控制起来。

绿道是另一类对区域低冲击开发的好例子。绿道网作为城乡、区域生态网络系统的重要组成部分，由区域绿道、城市绿道和社区绿道组成，集环保、健身、运动、休闲、旅游等功能于一体，是将保护生态、改善民生与发展经济完美结合的有效载体。这就形成了区域整体的低冲击开发模式，既能保护不可再生的生态文化遗产资源，又能实现城乡空间景观化。

## 六　从放任式的机动化转向集约式的机动化

### （一）如何理解我国机动化与城镇化的相互作用

首先，机动化能够为城市化"塑型"。我国机动化与城镇化同步发生（与美国一致），极有可能出现城市蔓延。美国在100年间的城市化进程中，城市人口空间密度下降了3倍之多，不仅耕地大量受到破坏，而且每个美国人出行所耗汽油平均比欧洲多出5倍。我国目前城市人口密度基本维持在平均每平方公里1万人左右，属于紧凑式发展模式。建设安全畅通的绿色交通和防止出现郊区化是我国城镇化中后期的决策要点。其次，机动化有"锁定效应"，一旦人们习惯于使用私家车出行，再投资公共交通就可能"无人问津"。最后，仅靠增加道路供给不能解决大城市日益严重的交通拥堵问题，必须转向需求侧管理，这是一个共识。如美国洛杉矶市，为了让城市适应汽车，近1/3的城市土地用于交通设施建设，但该市仍是美国堵车最严重的城市，尾气排放也成为城市空气污染的主因。大城市的交通空间是一种稀缺资源，而且越是城市中心空间越稀缺，越应注重公平分配。一个常被人们忽视的事实是，私家车、自行车占用的空间完全不同，实验结果表明，处于运动状态的私家车所需空间约为自行车的20倍。

### （二）从交通资源供给转向需求管理

需求管理应该成为我国大城市解决拥堵问题的主导思路。以北京与上海相比较，北京曾一度对家庭拥有小汽车采取放开的方式，而上海采取严格控制的政策。统计表明，2009年北京每百人私家车保有量是15.8辆，上海为每百人4.5辆，而上海的人口更多、人均可支配收入相对更高，但由于车辆总数得到严格控制，其结果是上海因汽车尾气所导致的空气污染程度更低，而交通可达性更好。需求管理应贯彻若干最基本的策略：一是减少内城停车位、全面提高市中心停车费，特大城市还要加收拥堵费，如伦敦、米兰、新加坡等在城市中心区划出一个收费区，小汽车高峰期进入就要收费，这样就使得中心区的交通流量大为减少，引导更多的人使用公交车、自行车等交通工具；二是增加公交专用道与步行街；三是收取车辆牌照费；四是增加"无车日"天数；五是按"单双号"或不同编号车牌限制出行。

### （三）从一般公共交通转向大容量宜人化公共交通

首先，要实现快速公交或轨道交通与其他公共交通"零代价和零空间换乘"。其次，要引进爬坡能力更强、转弯半径更小的直线电机新型地铁，由于该类机车底盘低、隧道半径可减小 1/5，造价还可以进一步下降。再次，建设中低速磁悬浮交通系统。美国麻省理工学院试验表明，中低速磁悬浮公共运力可达每小时 1 万多人，与轻轨的运力相当，但噪声和排放量则低很多，将来还可以直接利用可再生能源。最后，发展个人快速公交系统（PRT）。PRT 是将来唯一可以跟私人小轿车舒适性相媲美的公共交通系统。

### （四）从单纯考虑快行系统转向慢行与快行公交系统并重

不同机动化工具的能耗差异极大，电动自行车的能耗只有摩托车的 1/8、小汽车的十几分之一，所以，在支持电动汽车发展的同时也要支持步行、电动自行车和公共租用自行车的发展。电动自行车能效和空间利用效率都比电动汽车高，如果再通过风能、太阳能充电桩为电动自行车充电，其节能减排的效果可进一步扩展。

### （五）从侧重于高速公路转向加快区域综合轨道交通建设

与高速公路相比，同等运量时，铁路的能耗节约 20 倍，用地节约 30 倍。以轨道交通代替高速公路是我国城际交通发展的必然趋势。下一步还要发展中低速磁悬浮来替换城际火车，再以公共交通导向（TOD）型发展模式和新城规划来优化"轨道"交通的综合效能。引入 TOD 新模式，可使得站点周边土地因交通可达性的优化而增值的部分收回再用于轨道交通建设，可达到轨道交通收支的良性循环。

## 七 从偏好大型、集中式基础设施转向小型、分散、循环式基础设施

### （一）深刻认识工业文明时代福特式生产体系的副作用

首先，不少城市决策者仍迷恋于巨大尺度的构筑物和"大变"的政绩观。这在城镇化初期有一定的合理性，但是到城镇化中后期仍然这样做，是极不合适的，与

以人为本及和谐的自然观相冲突。其次，工业文明遗产的影响仍难以消除。如追求城市清晰的功能分区和让城市规划适应汽车等貌似正确的策略，已造成日益严重的石油危机、空气污染和交通拥堵"城市病"。再次，福特式工业体系所形成的传统观念力图将所有的城市"静脉"产业活动都纳入大型流水线，而且这种集中式城市废弃物的处理模式形成的利益集团过于强大，产生了思路和利益"锁定"，使得"3R"这种与自然和谐的废弃物处理模式迟迟不能广泛应用；更重要的是，基于"规模效益"的废弃物、污水处理厂、核电站、煤气厂等集中式处理设施，在处理的过程中往往加入或产生有毒、易燃、腐蚀性强的化学物质。这些中心式的巨大设施一旦失效或受到人为破坏，就可能会使城市的运行陷入瘫痪。最后，我国前期城镇化的成就巨大，也使得部分城市决策者和规划师满足于"精英式决策"和"路径锁定"。

## （二）重建城市"微循环"应成为生态文明时代城市发展新模式

第一，微降解。如果城市像自然界那样一切都可以再生循环利用起来，不需要通过大型的"三废"处理工厂花大本钱进行处理，城市就不会成为毁灭自然生态的推土机了。如果每个城市社区和基本细胞——家庭和工厂自身能够对废弃物进行降解、就地循环利用，城市对大自然的冲突就可减少。就废弃物而言，把垃圾资源化进行分类，再通过市场化进行回收利用，是实现"3R"原则的必由之路。我国的垃圾处理模式应该建立在分类的基础上，尽可能把有用的东西分类回收，再将有机垃圾和厨余垃圾收集后就地降解、就地回收，实现资源的循环利用。

第二，微更生。倡导旧城有机更生，不仅能避免大拆大建、延长建筑的使用寿命、促进建材的循环使用，从而达到节能减排的目的，而且也是保护城市历史街区和历史文脉的基本途径。城市是一种文化的容器，历史与未来是共生的。20世纪80年代吴良镛先生倡导的"有机更生"——北京菊儿胡同及上海的新天地、鞍山小区的微改造和丽江地震后重建都已获得成功，应加快推广。

第三，微创业。健康城镇化的关键是充分就业。而微创业不仅指大量有效的非正规就业，而且也包括SOHO、威客等在家就业的新模式。科学技术的迅猛发展以及计算机模拟、信息处理传输的革命（如云计算等）使得科技人员的个人创业已成为全球风潮。无线城市与高速信息网已使人类交往空间越来越虚拟化。新加坡提出创业无定所，就是在所有的居住区创业办公司，只要不干扰居民的生活，没有人投诉，公司注册地可以在住宅里。像美国硅谷发展初期，几乎所有的大公司都诞生于简陋的私人车库。对城市的小摊小贩和跳蚤市场的宽容与引导已经成为世界城市管理的潮流，我们再也不能因管理方便采取"一刀切"，来忽视城市多样化真实生活场景的建立和扼杀市民的创业机会。

第四，微绿地。水蒸发所产生的热能微循环和空间分布对城市宜居性有重大影响。为什么热岛效应会导致大城市中心温度比其郊区要高出好几度？答案是，城市中心缺乏植物和地表水蒸发来降低地表温度，再加上通风不畅、空调排气、汽车及人类密集活动所产生的热量使热岛效应越来越严重，并形成了恶性循环。与此同时，紧凑式的城市会放大各种人为和自然的灾害。就近、分散、合理设计布局的小型公园绿地是不可替代的城市居民娱乐空间和避灾场所。从美化景观到节能减排，屋顶、立体绿化、行道树、小公园已成为克服城市热岛效应的主力军。

　　第五，微农场。城市中的微型农场已成为废水、粪便和其他有机垃圾循环利用的重要基地。福特式大生产体系使食品生产加工和运输销售的链条越来越长，环节越来越多，信息的不透明度越来越高，食品安全漏洞也就越来越多。而微农场生产供应方式是点对点的，食品质量非常容易监督。先行国家"绿领"阶层自行约定主要食品来源范围不能超过 200 公里，这已经成为"低碳生活"的新风尚。都市农场采取现代化的水循环系统，不需要化肥农药，产出的是健康食品，土地利用模式是高效率的。据美国世界观察研究所的研究，在城市中集约化种植等量蔬菜，只用了农村机械化种植不到 1/5 的灌溉水和 1/6 的土地。另外，微农场同城市绿化有机地结合来修复"混凝土丛林"生硬的外观，可以造就赏心悦目的楼宇景观和楼顶花园。而与楼宇绿地相结合的植物工厂，还可作为城市居民寻找田园之乐、品味自然野趣的好去处，也是学生们学习生物知识的好场所。同时，微农场带来了绿荫、减少热岛效应和温室气体排放量，同时还可净化城市机动化带来的有毒空气环境。

## （三）从重视城市地表建筑转向地下空间综合利用

　　长期以来，不少城市决策者片面追求"一年一小变，三年一大变"的形象效果，使我国成为西方各国建筑师的试验场。但是城市地下空间却因为看不见、投入高、建设周期长等方面的原因明显滞后于城镇化的进程，出现了城市地下管网投资不足、布局混乱、地下空间缺乏整体规划、城市防灾功能薄弱和空间资源浪费等现象。要解决此类问题，应依据《城乡规划法》制定《城市地下空间规划条例》，统筹轨道交通、地下管网公共涵管、地热能利用、防空工程、排涝储水和防灾工程等方面的建设。作为实行土地私有制较为彻底的日本，也将距城市地表 15 米以下的空间作为国有资产，统一规划开发，坚持城市土地国有制的我国更应充分利用宝贵的城市地下空间。

## 八　从倡导少数人先富转向追求社会公平

### （一）城镇化中后期的公平失衡日益严重

城镇化不能只关注经济公平，中后期更要侧重社会效益。最近世界银行报告指出，美国 5% 的人口掌握了 60% 的财富，而我国 1% 的家庭掌握了全国 41.4% 的财富，财富集中度超过美国，已成为影响社会稳定的重要因素之一。此外，由于我国某些行业具有垄断性，行业之间的工资收入差距已达 15 倍。调查表明，我国收入最高的 10% 人群与收入最低的 10% 人群的收入差距，已从 1988 年的 7.3 倍上升到 2007年的 23 倍，我国的基尼系数一直呈快速上升的趋势。更为显著的不公平现象表现在城市居民的二元结构尚未得到有效缓解，新生代农民工已成为许多地区城镇化的主体，他们融入城市生活、平等享受城市公共资源的愿望日益强烈，两栖型生存方式难以适应"城市使生活更美好"的诉求。解决城镇化中贫富分化问题和公平享有城市公共资源已成为新型城镇化的重点。

### （二）从对劳动力流动的放任不管转向有序"进城"

在放开中小城市户口管制的同时，采取积分式申请落户及轮候式解决保障房入住问题应成为解决大城市外来人口融入城市的必备政策。积分式、轮候式的实行可让外来人口看到公平享受市民福利的希望，有助于积极、平和的生活观念的形成。与此同时，要强化对农民工的技能训练和职业教育，提供廉价、平等的再培训机会、加快岗位流动、缓解打工者"单调枯燥的工作与丰富多彩的现代媒体"之间冲突引发的心理压力。农民从单纯、传统的农村社会环境进入现代的多样化的城市社会环境，心理压力会明显增大，再加上工作岗位的枯燥，心理上就容易出问题。应建立全国范围内可流通的农民工社会保障体系，让农民工方便地带着社保流动，扩大进城生活、工作的自由度。

### （三）城市保障房建设具有解决中低收入阶层住房困难、平抑房价等不可替代的功能，应成为城镇化过程中长期坚持的方针

每个城市都应结合棚户区、城中村改造持续进行保障房建设，同时推进和倡导各阶层混合的居住模式，加大保障房与商品房配建的力度。这方面法国巴黎的教训

很深刻，由于该市曾经忽视北非移民和各种族之间居住区相互混合，导致该市贫富居住分离，经常发生严重的骚乱。

## （四）坚持差别化住房信贷政策，适时出台"房产持有环节税"或"空置税"，防止不同收入阶层在空间占有的不平等进一步加剧

健康的城镇化在某种意义上可看作全民参股的"城市公司化"运动，城市地产的增值应尽可能让全体人民公平分享。如果没有房产持有环节税，如物业税等进行调节，投机炒房、少数人占有多套住房、住房空置率上升和房价持续高涨等都会造成城市空间分配严重不均，社会阶层分化加剧就难以避免。

总之，以上八个方面的转型既是"新型城镇化"的核心内容，也是"城市生态文明"规划建设的关键工程。有关资料表明，不少先行城镇化的国家在转型的过程中仅"节能减排"、生态修复和民生公平工程建设的相关产业就提供了60%以上的GDP增加值。由此可见，新型城镇化提供的新机遇，不仅能为经济持续增长提供优质内需，而且也能增强我国的科技创新能力、培育战略性新兴产业、提升国家产业竞争力。对全国各地而言，如抓住此机遇，有可能将本地区建成城乡环境优美的协调发展示范区、具有国际竞争力的城市群和创新基地、集约节能的生态城市集群以及人均能耗和碳排放低的区域发展新模式。

**参考文献**

［1］仇保兴.第三次城市化浪潮中的中国范例——中国快速城市化的特点、问题与对策［J］.城市规划，2007，31（6）.

［2］仇保兴.中国特色的城镇化模式之辩——"C模式"：超越"A模式"的诱惑和"B模式"的泥淖［J］.城市规划，2008，32（11）.

［3］仇保兴.城镇化的挑战与希望［J］.城市发展研究，2010，17（1）.

［4］仇保兴.我国城镇化中后期的若干挑战与机遇——城市规划变革的新动向［J］.城市规划，2010，34（1）.

［5］仇保兴.城市转型与重构进程中的规划调控纲要［J］.城市规划，2012，36（1）.

［6］仇保兴.新型城镇化：从概念到行动［J］.行政管理改革，2012（11）.

［7］仇保兴.简论我国健康城镇化的几类底线［J］.城市规划，2014，38（1）.

# On the "New" of the New Type of Urbanization

## QIU Baoxing

**Abstract**: After 30 years of rapid development of urbanization, China has officially entered the "depth of urbanization" stage. The next five to ten years is the critical period in which whether Chinese urbanization can avoid detours, beyond the "middle income trap" and "urban diseases". This article tries to answer the question that How could integrate the concepts of "intensive, intelligent, green, low carbon and humanities" into the Urbanization? This paper expounds the connotation characteristics of the new urbanization and the key direction of the future breakthrough from eight aspects, which to provide a path for the implementation of the new urbanization strategy.

**Key Words**: Urbanization; New type; Transformation; Path; China

# 我国区域协同的实践演进及其内涵诠释*

陈红霞 [1,2]　李国平 [3]

(1. 中央财经大学，北京　100081；2. 中国财政发展协同创新中心，北京　100081；

3. 北京大学，北京　100871)

【摘　要】区域协同是实现地区经济持续发展和提升区域竞争力的内在需求。我国的区域协同实践存在国家层面和地区层面两条发展轨迹，其中，国家层面的区域协同实践先后经历了低水平均衡发展阶段、非均衡发展阶段以及 21 世纪以来的高水平均衡发展阶段。以京津冀区域为例的地区尺度区域协同实践，主要经历包括为解决局部问题的自发探索阶段，为实现自身发展的徘徊前进阶段，为追求整体利益的规划探索阶段，以及统筹规划与区域协同发展全面实施阶段。基于实践历程的梳理，本文认为区域协同的内涵有别于区域一体化、区域分工合作以及区域协调等概念，其最终目标是为实现结构优化、富有活力、高效持续的区域经济系统。其内涵逻辑包括兼顾区域发展的公平与效率、兼顾发展次序的优先与接续、兼顾发展过程中的主次矛盾、兼顾整体利益与局部利益以及兼顾发展目标之间的平衡等。

【关键词】区域协同；区域系统；京津冀区域；区域规划

* 本文受中国财政发展协同创新中心项目"中国城镇化战略进程中的地方政府行为研究"（024050314002/004），以及国家自然科学基金青年项目"大都市圈中心城市产业结构升级的特征、机理及其区域影响研究——以京津冀都市圈为例"（41301123）资助。

[作者简介] 陈红霞，女，中央财经大学政府管理学院副教授，博士，硕士生导师，研究方向为区域经济与区域规划。李国平，男，北京大学政府管理学院教授，博士，博士生导师，研究方向为经济地理，区域经济与区域规划。

# 一　引　言

伴随着经济全球化和区域经济一体化，我国区域协同的步伐正逐渐加快。在全国层面，东、中、西部历史存在的发展差距正在缩小，区域协同程度不断提升。在地区层面，区域整合推动的经济一体化成为区域主流发展模式，无论是以自发推动为主要动力的长江三角洲地区（以下简称长三角），还是以外向型经济为推动力的珠江三角洲地区（以下简称珠三角），以及正处于自上而下规划建设期的京津冀区域，都彰显着"区域协同"的魅力，并成为我国经济最为活跃的地区。

区域经济实践与区域经济理论发展相辅相成，区域协同实践为相关学术领域提供了丰富的案例，区域协同已成为目前区域科学、地理学、城市科学等学科的研究热点。协同本身是系统科学的概念，在由系统科学向社会科学领域应用的过程中，其内涵也在不断地发展和完善。协同本意是指协调两个或两个以上的个体或功能，共同实现某一目标的过程或能力。因此，从最基本的概念出发，协同意指整体功能大于部分功能之和。协同学是20世纪60年代以来逐渐形成和发展起来的新兴学科，是系统科学的重要分支理论。1965年，Ansoff在"*Corporate Strategy*"一书中首次提出了协同的概念，德国著名物理学家Hermann Haken于1969年提出协同学这一理论，随后进行了系统论述。协同理论最初的关注点是物理系统从无序到有序，从不稳定到稳定的自组织过程，该理论认为，在各组成部分之间的相互作用或外生变量的作用下，系统结构、特征和演进规律会在超过临界值时产生突变，进而推动系统达到另一种稳定状态。

历经半个多世纪的发展，协同理论在化学、生物学、生态学，乃至社会科学领域的社会学、经济学等学科都得到了不同程度的应用和较为普适性的检验，目前，协同理论已经成为软科学研究的重要工具和方法。相比于国外微观角度的实证研究，国内学术界更关注应用区域协同理念解决区际差距、区域竞争力等宏观区域问题，且在研究中将"协同"与"协调"概念交互使用，鲜有研究区分其内涵差异。杨开忠（1994）主张发展中国家应抛弃不平衡和平衡发展方法，采取和实行政府积极干预的一体化实现区域发展。区域协调发展是全面建设小康社会，建立富强民主文明和谐的现代化强国的重大战略任务。区域协调发展是相对的，追求经济活动在各地区均衡布局，既违背经济发展规律，也是不现实的。为使我国经济在产业（条条）和区域（块块）两个层面上相互协调配合，作为政府，应充分发挥区域政策的指导作用。为促进各地区的协调发展，政府应该通过适当的区域政策，并借助于市场的力量，引导生产要素的合理流动。谷书堂等（1994）则认为区域协调发展的核心在于，努力缩短新兴工业化地区和中西部地区的经济起飞间隔。姜亦华（1996）的研究认为我国的东西部区域发展存在一定的现实差距，可以通过对外开放实现区域协同。厉以宁等（2000）认为跨行政区的优势互补与经济协调发展能够通过区际互动实现。曾坤生（2000）结合协同理论提出了区域经济动态协调发展，认为区域政策应适度重点倾斜与全面协调发展相结合，黎鹏（2003，2005）提出区域经济协同发展应以协同学原理为理论依据，建立跨行政区点轴开发的经济地域系统等。王维国（1998）、刘海明（2010）等分别阐述了协调理论、协同理论并进行了区分，强调协同发展更强调协同理论的应用。

作为区域实践，区域协同的探索未曾止息过，作为一门应用性理论，区域协同的理论维度和内涵体系还有待完善，系统梳理区域协同在我国的实践发展历程，分析不同阶段区域协同发展的特征和存在的问题，探讨在实践基础上区域协同的理论内涵的深化路径，对于明确未来区域协同发展的方向和重点，从而制定切实可行的区域协同战略，具有重要的理论和现实意义。

## 二 国家尺度的区域协同实践

在我国对经济现象空间分布的记述与分析早已有之，春秋战国时期成书的《山海经》、《禹贡》就有这方面的记载。后者分析了国土疆域的自然风貌、资源禀赋和地理格局，并在此基础上对经济和社会发展统筹谋划，其所提出的九州（即冀州、兖州、青州、徐州、扬州、荆州、豫州、梁州、雍州）及其相互关系，可谓是我国最初的区域协同发展思想。新中国成立以来，我国的区域协同实践经历了长期的探索，其发展历程大致可以划分为以下三大阶段。

### (一) 低水平均衡发展阶段（新中国成立后至改革开放）

从"一五"、"三线"建设到改革开放时期是我国区域协同发展实践的起始阶段，这个阶段区域协同发展的显著特征是均衡发展，即在东部地区经济发展占据传统比较优势的前提下，将有限的人力、物力、财力优先配置于东北和中西部地区，实现区域总体平衡。

1953~1957 年，新中国实施了第一个五年计划，在苏联的帮助下建设 156 个工业项目，从实际施工的项目看，发展重点非常突出。首先，突出产业类型中的军工业、重工业，如能源工业企业 52 个，军工企业 44 个，机械加工企业 24 个，冶金工业企业 20 个，化工企业 7 个，轻工业和医药工业 3 个。其次，突出空间布局向东北地区、中部和西部地区倾斜，如 106 个民用工业企业中，布置在东北和中部地区的总计有 82 个；44 个国防企业中，有 35 个布置在中部和西部地区。

1964~1980 年是三线建设时期，三线地区的空间范围包括基本位于内地的四川、贵州、云南、陕西、甘肃、宁夏、青海 7 个省区及山西、河北、河南、湖南、湖北、广西等省区靠内地的一部分，共涉及 13 个省区，其区域发展重心向中西部地区倾斜的特征明显。

这一时期，计划经济是配置资源的主要手段，力求均衡发展的区域协同实际上主要受制于当时特殊的国际、国内环境，无论是从项目选择，还是从项目的空间布局来看，其目标都十分明确。156 个项目建设的目的是恢复国民经济、建设较为完整的工业体系，三线建设所开展的大规模国防、工业、科技、电力和交通等基础设施建设，则主要为国防军事发展提供支持。强调均衡发展的区域协同实践成效显著，我国的工业体系框架正是在这一时期初步形成的，156 个项目和三线建设也打造了一批颇具竞争力的工业项目和现代工业城市，成为我国工业化和城市化的主要载体。

## （二）非均衡发展阶段（改革开放至 20 世纪末）

1978 年中共十一届三中全会以后，尤其是进入 20 世纪 80 年代以来，改革开放使我国区域经济政策、地区发展重点、投资的地区分配等都发生了根本性的变化。改革开放至 20 世纪末的区域协同实践主要以非均衡为主要特征，即强调市场经济在配置资源方面的基础性作用，鼓励区域结合内外部环境和发展条件，实施差异化发展战略。改革开放至 20 世纪末，东、中、西、东北四个地区的发展实力和相对比重发生重大变化（见表1）。1979 年，党中央、国务院批准广东、福建在对外经济活动中实行"特殊政策、灵活措施"，并在深圳、珠海、汕头、厦门试办经济特区。1984 年 4 月，进一步开放大连、秦皇岛、天津、烟台、青岛等 14 个港口城市。1985 年，增开长江三角洲、珠江三角洲、闽南三角区为经济开放区。1988 年，辽东半岛、山东半岛实施了对外开放，同年设立海南省，形成海南岛经济特区。20 世纪 90 年代初，陆续开发开放了上海浦东，以及中西部一批沿江沿边城市和地区，从而形成了我国全方位的对外开放格局。

表 1　四大区域发展情况比较

单位：亿元

| 年份 | 东部 | 中部 | 西部 | 东北 |
|------|------|------|------|------|
| 1978 | 1513.27<br>(43.82%) | 739.86<br>(21.42%) | 714.45<br>(20.69%) | 485.96<br>(14.07%) |
| 1990 | 8387.86<br>(45.72%) | 4010.3<br>(21.86%) | 3746.74<br>(20.42%) | 2203.25<br>(12.01%) |
| 2000 | 51020.52<br>(52.49%) | 19790.98<br>(20.36%) | 16652.62<br>(17.13%) | 9743.25<br>(10.02%) |
| 2008 | 177588.6<br>(54.27%) | 63188.03<br>(19.31%) | 58256.58<br>(17.8%) | 28195.63<br>(8.6%) |
| 2013 | 322258.89<br>(51.15%) | 127305.63<br>(20.2%) | 126002.78<br>(20%) | 54442.04<br>(8.64%) |
| 2014 | 350052.5<br>(51.16%) | 138671.7<br>(20.27%) | 138073.5<br>(20.18%) | 57469.77<br>(8.4%) |

注：括号中数字为相应地区产值占全国比重。

资料来源：1978 年、1990 年数据来源于《新中国 50 年 1949~1999》，其他年份数据来源于《中国统计年鉴》。

改革开放的时代背景主要体现在两个方面：一方面，从我国的自身情况看，"文化大革命"十年动乱，使党和国家遭到了严重的挫折和损失；另一方面，从外部环境看，20 世纪 70 年代世界范围内蓬勃兴起的新科技革命推动了世界经济以更快的速度向前发展，我国的经济实力、科技实力与国际先进水平的差距明显拉大，面临着巨大的国际竞争压力。国家统计局在 2008 年发布的一系列报告中，用数据证明了改革开放促成的区域转变，认为中国已实现从封闭、半封闭到全方位开放的伟大历史转折，形成了从沿海到沿江沿边、从东部到中西部区域梯次开放的格局。改革开放 30 余年来，我国区域经济迅猛发展，区域实力显著提升，东部沿海地区率先发展，并形成了一批极具竞争力的一体化区域，20 世纪 70 年代戈特曼所预言的以上海为中心的城市群[①] 也正是在这一时期初具规模。不过也要看到，这一时期经济发展很快，但东部与中西部各省区发展速度不同，差距不断拉大。

## (三) 高水平均衡发展阶段 (21 世纪以来)

21 世纪以来，我国的区域协同实践的阶段特征可以概括为追求高水平的均衡发展，具体表现为两条实践路径，一是以区域政策促进大区域尺度的总体平衡，二是以顶层设计推进全国城镇化的有序发展。

---

① 1976 年，法国地理学家戈特曼在他题为《世界上的城市群体系》的论文中，首次提出了世界上存在六大城市群的观点，以上海为中心的城市群名列其中。

首先，以区域政策促进大区域尺度总体平衡的区域协同实践。2000 年，中共十五届五中全会通过的《中共中央关于制定国民经济和社会发展第十个五年计划的建议》，把实施西部大开发、促进地区协调发展作为一项战略任务，明确"实施西部大开发战略、加快中西部地区发展，关系经济发展、民族团结、社会稳定，关系地区协调发展和最终实现共同富裕，是实现第三步战略目标的重大举措"。2003 年，中共中央、国务院发布《关于实施东北地区等老工业基地振兴战略的若干意见》，明确了实施振兴战略的指导思想、方针任务和政策措施。2004 年，"中部崛起"的概念被提出，2009 年，《促进中部地区崛起规划》出台，自此，包括河南、湖北、湖南、江西、安徽和山西六省的中部地区获得了明确的区域政策支持。

突出平衡的区域协同实践主要基于特定的现实背景条件。在改革开放政策的刺激下，东部沿海地区实现了率先快速发展，2000 年，江苏、浙江的地区生产总值已经分别超过 8500 亿元和 6100 亿元，广东的地区生产总值率先突破 10000 亿元。尽管其他地区也在依循自身的资源禀赋、发展基础和比较优势，探索发展路径，但受限于种种制约，区际差距呈现扩大趋势，从地区生产总值占全国比重指标看，中西部地区远远落后于东部地区。这种区域问题在西部地区的主要表现为经济贫困与生态环境恶化相互交织，在"孔雀东南飞"等地区引力效应的作用下，人才、技术等优质生产要素资源的外流使区域可持续发展举步维艰。在东北等地区主要表现为，部分老工业基地自主创新能力较差，能耗较高和环境污染较严重，民生和社会问题突出。在中部地区的主要表现为，作为粮食基地却"三农"问题突出；作为东西部的交通要道却基础设施落后；作为前期建设发展起来的工业城市却面临产业萎缩和转型之困。对这些"问题区域"的调整、改造，即平衡区域发展的区域协同实践提上日程，该项工作直接关系到我国国民经济进一步发展的速度和质量。

以区域政策促进大区域尺度的总体平衡的区域协同实践，针对不同的区域拟定和实施不同的人口、土地、财政、税收等区域政策，有效地削减了区际差距。如东北地区等老工业基地振兴战略实施后，东北三省经济增速开始加快，2008 年，东北三省地区生产总值占全国的比重升至 8.62%，实现自 2000 年以来首次止跌回升。

2013 年，习近平主席提出共建"一带一路"[①] 战略构想，2014 年，《国务院关于依托黄金水道推动长江经济带发展的指导意见》发布，2015 年，李克强总理在政府工作报告中提出，拓展区域发展新空间，统筹实施"四大板块"[②] 和"三大支撑带"[③]

---

① "一带一路"是丝绸之路经济带和 21 世纪海上丝绸之路的简称。
② 四大板块：西部大开发、东北振兴、中部崛起和东部率先发展。
③ 三大支撑带："一带一路"、长江经济带和京津冀协同发展。

战略组合。明确了区域发展对促进经济社会发展、实现区域一体化以及探索新型城镇化道路的重要意义。伴随着经济发展，中国区域空间结构发生了较大变化，尽管仍以"点轴"模式为主，但正在逐步向"网络化"模式迈进，已经呈现出"准网络化"的空间格局。可以预见，在以上区域政策的作用下，在我国区域发展的空间版图上，区域差距将进一步缩小，均衡发展的区域格局也越发清晰。

其次，以顶层设计推进城镇化有序发展的区域协同实践。这一时期的实践路径探索主要基于现实的区域问题，新中国成立以来，先后实施的有重点的产业布局、对外开放、东北地区和中西部地区的再发展等无一例外地助推了区域发展，然而，现阶段的区域问题依然严峻，主要表现在两个方面：一是区际差距依然存在，中西部地区的优惠政策需要有力的空间承载，四大板块之间的区际联系缺乏有效的空间承接，需要区域协同实践的创新。二是区域内部的发展不均衡矛盾尤为突出，我国城镇化曾一度出现"冒进式"发展特征，忽视了城镇化的质量与可持续发展。区域内部的大中城市掌控地区资源，成为人才、资本、先进生产要素的集聚地，而周边地区的小城镇在新一轮发展中长期处于劣势地位，甚至出现了诸多贫困地带，如何破解区域内部矛盾是区域协同实践必须面对的问题。

进入 21 世纪以来，我国从国家宏观调控角度出台了多项规划，从不同层面指导区域发展，尤其关注区际之间和区域内部的统筹协调。2010 年底的《全国主体功能区规划》将国土空间按开发方式划分为优化开发、重点开发、限制开发和禁止开发四大功能区域。主体功能区划是构筑我国有序区域发展格局的依据，其明确了在资源环境约束的条件下，区域未来的功能定位和发展重点。2014 年发布的《国家新型城镇化规划（2014~2020 年）》进一步提出了优化城镇化布局和形态，推进城乡一体化等的战略重点与步骤，为新时期全国范围的区域协同奠定了基础。在以上规划推动下，我国城镇化总体格局和区域空间战略逐渐清晰。

可以看到，21 世纪以来，在国家层面和区域层面的规划指导下，我国的区域协同主要以城镇化为抓手，以有序的城镇体系建设为依托，伴随着宏观区域政策的供给，以及中观层面区域规划的制定，我国区域协同实践进入快速发展时期（见图 1）。现阶段，区域经济发展的多极化特征突出，这些经济增长极共同构成了国民经济发展的支柱和引擎。

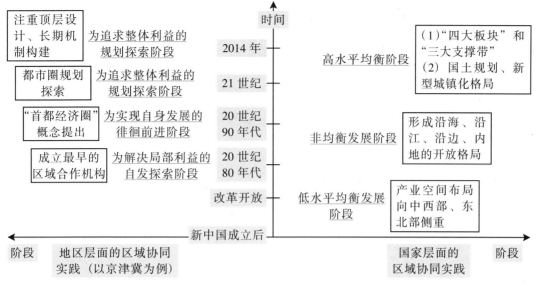

图1  我国区域协同实践概览

改革开放后，在我国从计划经济向市场经济转轨的制度变迁背景下，以长三角、珠三角、京津冀为代表的区域开始了探索基于地区尺度的资源配置、基础设施建设、产业选择，乃至区域内部的利益协调。以京津冀地区为例，其区域协同经历了曲折演进过程，大体可划分为以下几个阶段（见图1）。

## （一）为解决局部问题的自发探索阶段（20世纪80年代）

20世纪80年代初期，为解决地区资源的供需矛盾，华北地区成立了全国最早的区域协作组织——华北地区经济技术合作协会，协会主要目标是解决地区间的物资调剂。随后在1982年的《北京市城市建设总体规划方案》中正式地提出了"首都圈"的概念，具体包括由北京、天津两市和河北省的唐山、廊坊和秦皇岛三市组成的内圈；以及由承德、张家口、保定和沧州四市组成的外圈。

这种为解决局部问题的自发探索在整个20世纪80年代一直持续。1985年和1986年该地区先后成立了环渤海经济研究会和环渤海地区市长联席会（15个城市），前者主要是地区之间的学术研究，后者则搭建了地方政府之间的合作平台。1988年，北京与河北环京地区的保定、廊坊、唐山等六地市组建了环京经济协作区，将其定位为"在北京市、河北省政府指导下，以中心城市为依托的开放式、网络型的区域组织"，并建立了市长、专员联席会议制度，设立日常工作机构，建立了信息网络、科技网络、供销社联合会等行业协会组织。

这一阶段，京津冀区域协同实践基本处于自发探索阶段，尚未形成程序化的协同机制，但不可否认，京津冀在地区之间利益协调方面进行了多层次有价值的探索：一是定位区域经济发展中地方政府的角色；二是构建地区之间的利益协调平台；三是明确了区域对于地方发展的意义和作用。上述探索对于区域协同发展的深化具有重要意义。

## （二）为实现自身发展的徘徊前进阶段（20世纪90年代至21世纪初）

进入20世纪90年代初期，在经济体制转轨的背景下，由于地区间经济关联度较低、产业趋同、缺乏可操作性的政策措施等，京津冀区域已有的区域经济合作一度停滞，区域协同发展一度步入低潮。20世纪90年代中后期，长三角、珠三角等区域经济一体化程度明显提升，区域竞争力显著增强，京津冀区域协同发展再度引起各界关注。1996年，《中华人民共和国国民经济和社会发展"九五"计划和2010年远景目标规划纲要》提出，"按照市场经济规律和内在联系以及地理自然特点，突破行政区划界限，在已有经济布局的基础上，以中心城市和交通要道为依托，逐步形成7个跨省（区、市）的经济区域"，囊括京津冀区域的环渤海地区是其中之一。同年，北京市组织编写《北京市经济发展战略研究报告》正式提出"首都经济圈"概念，强调发展周边就是发展自己的理念。

这一时期，区域协同已日渐成为京津冀区域两市一省之间区域合作的共识，这一方面得益于区域长期以来在空间毗邻、经济社会往来基础上构筑的协作关系；另一方面，与该区域的区域行政区划格局有关，涵盖一个首都，包括两个直辖市的城镇体系结构，使京津冀区域的发展本身区别于一般的城市群，首都经济对全国经济发展的规划、调控和指导作用在区域层面上同样有深层的体现。尽管区域协同的路径曲折，但为实现自身发展的徘徊前进阶段已经试图解决区域协同的诸多深层次问题，如在国家层面上，如何协调行政区与经济区之间的关系；在区域层面上，如何定位区域中心城市，这也为京津冀区域的统筹规划奠定了基础。

## （三）为追求整体利益的规划探索阶段（2000~2013年）

进入21世纪后，随着经济全球化和我国加入WTO，长三角、珠三角地区掀起了新一轮区域经济合作浪潮，并由此带动了区域一体化的进一步发展。这一时期，京津冀区域各界的区域协同发展意愿更为强烈，行动也更为频繁，所涉及的区域协同领域也更为广泛，涵盖了科技协同发展领域、信息化协作领域以及人才协作领域。

区际矛盾是困扰我国区域经济发展的主要问题之一，在这一阶段，京津冀区域积极探索规划实践。2004年，国家发展和改革委员会地区经济司召集京津冀三地发展和改革委，召开了京津冀区域经济发展战略研讨会，并达成了"廊坊共识"，将石家庄市纳入京津冀都市圈。同年，国家发展和改革委员会正式启动京津冀都市圈区域规划的编制工作。"十二五"规划纲要提出了促进京津冀一体化发展，打造首都经济圈的概念，将首都经济圈上升为国家战略。

## （四）统筹规划与区域协同发展全面实施阶段（2014年以来）

2014年习近平总书记提出，努力实现京津冀一体化发展，自觉打破自家"一亩三分地"的思维定式。同年，京津冀协同发展领导小组成立。2015年3月，中央财经领导小组第九次会议审议研究了《京津冀协同发展规划纲要》。2015年4月，中共中央政治局审议通过《京津冀协同发展规划纲要》，京津冀协同发展进入全面实施阶段。

目前，从地方角度看，区域性的合作已经成为各地谋求发展的共识，并已经在诸如"十二五"规划等文件中体现出来（见表2）。

表2　京、津、冀三地"十二五"规划涉及的京津冀区域协同内容概览

| 地区 | 规划名称 | 出现位置 | 规划内容 | 涉及地域范围 |
| --- | --- | --- | --- | --- |
| 北京 | 北京市"十二五"规划 | 一处：第一章 | "十二五"时期，要更深入广泛地开展与津冀晋蒙及环渤海地区合作，充分发挥首都优势，显著增强服务区域、服务全国的功能，共同推动区域一体化进程和首都经济圈形成，实现整体发展水平的跃升 | 津冀晋蒙、环渤海地区、全国 |
| 天津 | 天津市"十二五"规划 | 两处：第五章、第十章 | 深化京津冀区域旅游合作，实现资源共享、客源互送、市场互动，加强与环渤海、长三角、珠三角及东北亚区域旅游合作<br>积极扩大区域合作交流。增强大局意识和服务意识，完善区域合作机制，进一步扩大与兄弟省区市的交流与合作 | 京津冀、环渤海、长三角、珠三角及东北亚区域 |
| 河北 | 河北省"十二五"规划 | 七处：第一、第二部分 | 京津冀一体化进程加快，河北省具有接受辐射、借力发展的独特优势<br>建设环首都经济圈。在积极为京津搞好服务、全方位深化京津冀合作的同时，在承德、张家口、廊坊、保定四市选择毗邻北京、交通便利的14个县（市、区）重点突破<br>在服务对接京津上下功夫<br>构筑环首都经济圈，壮大沿海经济隆起带，打造冀中南经济区 | 京津冀、首都经济圈 |

注：各地规划中涉及的关键词包括"京津冀"、"首都经济圈"。

由于各地区（城市）的职能定位不同，在京津冀区域协同发展中，地区所关注的空间范围略有差异。其中，北京市强调发挥首都优势，增强服务区域、服务全国的功能。天津市区域协同的着眼点虽然超出京津冀区域的空间范围，但在具体主导产业的选择、交通基础设施的布局等方面都能看到，其区域协同仍然是以京津冀区域为中心。河北省"十二五"规划的区域协同观念体现得更为具体和直接，"京津冀"、"首都经济圈"等概念多次出现在该规划内容中，从首都经济圈的圈域范围确定到产业承接的空间布局；从区域协同的自身定位到协同发展的最终目标均有详尽的阐释，体现了河北省对京津冀区域协同发展的积极态度。三地的区域规划体现了区域协同发展的利益诉求，即京津冀区域发展是地区竞争力提升的基础；区域协同是全方位的发展对接联动，而非局部合作。

## 四　区域协同的内涵诠释

### （一）基本内涵及相似概念辨析

基于对我国区域协同实践的总结，本文认为区域协同的基本内涵可以概括为，以自发互动或区域规划方式实现区域内部地区之间经济、社会、空间和生态环境等方面的交流与合作，有效地破解区域持续发展中存在的问题与约束，实现区域发展各个层面的相互适应、相互协作、相互配合和相互促进，进而产生区域间的同步、协作与和谐发展，最终形成结构优化、富有活力、高效持续的区域系统。

在区域实践和区域理论发展过程中，也先后出现了多个与区域协同相关的概念，包括"区域一体化"、"区域分工合作"、"区域协调发展"等，其中，区域一体化强调在经济运行，尤其是贸易往来过程中，通过制度、政策等手段逐渐消除贸易壁垒，使生产要素能够在国家（或地区）之间自由流动的过程。区域分工合作概念最早出现于古典经济学，从亚当·斯密开始，经历了古典区域分工贸易理论、新古典区域分工贸易理论和新区域分工贸易理论等几个阶段，不断丰富和完善，强调地区应在清楚认知自身资源、区位条件的基础上确定优势产业，进行专业化生产和互惠贸易合作。区域协调发展强调区域发展格局应该满足以人为本的科学发展观与构建和谐社会的本质要求，以增强国家综合实力和整体竞争力，提高居民生活水平和改善居民生活质量为最终目标，实现市场的统一性和开放性、区域产业结构的科学性、区域空间结构的合理性、地区发展战略之间的互动性、地区发展机会的公平性和区域发展的可持续性（见表3）。

**表3　区域协同相关概念辨析**

| 相关概念 | 提出背景 | 基本内涵 | 强调重点 |
|---|---|---|---|
| 区域协同 | 区域创新是如何在不同地区互动过程中实现的 | 区域系统运行的帕累托改进状态 | 不损害个体利益基础上的总体优化 |
| 区域一体化 | 世界经济处于转折期，发达国家先后进入工业化后期或后工业化时期，区际联系需求迫切 | 贸易往来过程中，通过制度、政策等手段使生产要素能够在国家（或地区）之间自由流动的过程 | 消除贸易壁垒 |
| 区域分工合作 | 国际贸易迅速发展 | 地区在资源禀赋、区位条件基础上确定自身优势产业，进行专业化生产 | 专业化生产基础上的分工 |
| 区域协调发展 | 发展中国家或地区对国民经济各个部门进行的投资重点选择 | 有限的资本、劳动力、生产要素资源等在国民经济各部门之间平衡或非平衡地分配 | 资源配置方式 |

## （二）区域协同的基本目标

区域协同是区域经济、社会、空间、环境等各子系统内部，以及子系统之间的帕累托改进状态，即各子系统在不损害组成部分利益的前提下实现子系统利益优化；整体系统在不损害各子系统利益的前提下实现系统利益优化（见表3）。区域协同是区域发展终极目标的高度凝练，具体地，区域协同发展应实现以下目标：

第一，区域整体效益最大化。区域效益主要包括社会效益和经济效益，区域效益优化即为实现区域社会效益最大化和经济效益适度化。实现区域社会效益最大化即最大程度地满足人民的社会生活和工作需求，提高人们的生活水平和质量；实现经济效益适度化即保证区域获得可持续发展能力的适度经济效益。

第二，区域差异不断缩小。区域基本公共服务均等化基本实现，贫困地区、生态保护地区等获得更多的财政转移支付，不同地区民众享有比较均等的就业、住房、医疗、教育等公共服务。

第三，要素流动实现自由化。区域内部与区域之间人力、资本、技术、产品等能够充分自由流动，价格机制是生产要素配置的主导机制，各类生产要素都能够实现优化配置。

第四，城镇体系趋于合理化。即区域城市等级结构合理，其结构以及地域连续性能有效支撑城市之间产业分工、转移以及市场一体化。

第五，交通体系实现一体化。即区域交通一体化规划和建设得到有效协调，打通"断头路"和"瓶颈路"，实现公路网络一体化、交通运输枢纽一体化、交通运输管理一体化、交通运输服务一体化和物流发展一体化①。

第六，共同应对和治理生态环境问题。即各城市之间存在良好的信息反馈和谈判沟通模式组织并调节内部的冲突矛盾，通过联席会议和行动执行机构建立共同应对和治理机制，共同解决区域内部难以靠一个城市完成的生态和环境问题。

## （三）区域协同中的五大关系

为促进区域协同，正确处理区域发展过程中的公平与效率、优先与接续、主要与次要、整体与局部等目标之间的关系，具体如下：

### 1. 兼顾区域发展的公平与效率

公平与效率是辩证统一的关系，区域协同实践中城乡差距扩大、社会贫富分化、区域发展不平衡都是在一定程度上公平与效率失衡的结果，这种矛盾不仅会出现在地区之间，在地区内部也有不同程度的表现。区域协同需要兼顾区域发展中的公平与效率，区域发展应追求总体绩效的提升，即经济增速在稳定的涨幅范围内实现经济总量增长，在这一过程中，人民生活水平不断提高。同时，区域发展也应兼顾区域公平，即区域效率目标的实现应保证建立在区际之间实现公共服务的均等化，区际差距逐渐缩小之上。在区域实践中，效率应是实现公平的手段，公平应是协同发展的根本之一。

### 2. 兼顾发展次序的优先与接续

在人力、物力、财力有限的前提下，区域协同不排斥在发展过程中对重点区域的选择。区域科学经典的非均衡理论，包括循环积累因果原理、增长极理论、极化—涓滴效应学说、中心—外围理论、梯度推移理论、新经济地理理论等，无一例外地关注了区域这种"有先有后"的经济发展模式，相关理论探讨了区域之间要素和资源的流动、产业的集聚和扩散过程等。在市场经济条件下，获得优先发展机会的地区往往具备更高的投资回报、更高的工资收入、更好的公共服务等，很难自发形成要素回流效应，因此，在适当的时机，辅之以恰当的财政、税收等政策加快后续地区的发展是区域协同成败的关键。

### 3. 兼顾发展过程中的主要矛盾与次要矛盾

区域协同要兼顾解决发展过程中的主要矛盾与次要矛盾，这主要体现在两个方面，一是在处理区域内部各地区之间的关系时，选择主要问题，如在实施沿海开放战略后，为解决区际差距问题，又先后实施了西部大开发战略、东北等老工业基地的振兴战略以及中部崛起战略等。二是在处理区域内部经济、社会、空间、环境等

---

① 京津冀筹建高效密集轨道交通网 [N]. 经济参考报，2015-04-17.

问题时，选择主要问题的主要方面，如在东北等老工业基地改造过程中，重点关注资源型城市转型和棚户区改造等。这种兼顾主要矛盾和次要矛盾的思想同样适用于处理区域发展过程中关键领域的选择，以及关键行业的选择。

4. 兼顾整体利益与局部利益

在区域发展中，区域协同目标的实现不容回避的突出矛盾就是如何通过制度、政策等手段将有限的资源合理地配置到各个地区，这就需要同时兼顾整体利益与局部利益之间的矛盾。区域系统整体竞争力的提升与地区经济发展、区际之间关系改善互为因果，相互制约，无论是国家尺度的区域协同实践，还是地区尺度的区域协同工作都不应以牺牲个别地区的发展为代价。

5. 兼顾发展目标之间的平衡

我国区域协同发展实践从区际问题的解决，到区域内部问题的关注，视角逐渐由宏观转向中观；从区域发展的主次、先后、平衡到系统协调，追求的目标逐渐多元，不断推动区域治理向精细化方向转变。实践揭示，经济、社会、空间、环境等区域协同发展的各目标之间应是对立统一的关系，区域经济发展不应成为区域协同的唯一目标，生态环境的保护、社会问题的共同面对应成为地区间的共识。

## 五　结　论

新中国成立以来，我国的区域协同存在国家层面和地区层面两条发展轨迹。在我国国家和地区层面区域协同实践进程中，区域协同发展的模式已渐趋明晰，即在推进区域整体利益优化的前提下带动地区发展，在地区之间竞合博弈的互动中推进利益协调，实现区域发展效率与区际之间公平的对立统一。因此，区域协同是区域关系发展的高级阶段，能够有效地解决区域持续发展中存在的问题与约束，进而实现结构优化、富有活力、高效持续的区域系统。在对区域协同实践梳理的基础上，本文认为区域协同是区域经济、社会、空间、环境等各子系统内部，以及子系统之间的帕累托改进状态，即各子系统在不损害组成部分利益的前提下实现子系统利益优化；整体系统在不损害各子系统利益的前提下实现系统利益优化。区域协同中应努力处理好五大关系，即兼顾区域发展的公平与效率；兼顾发展次序的优先与接续；兼顾发展过程中的主要矛盾与次要矛盾；兼顾整体利益与局部利益；以及兼顾发展目标之间的平衡。在区域实践不断探索的过程中，区域协同理论也将更加系统和完善，并对区域发展发挥更大的指导作用。

**参考文献**

[1] 杨开忠. 论区域发展战略 [J]. 地理研究, 1994, 13 (1).

[2] 范恒山. 国家区域协调发展战略和环渤海地区振兴 [J]. 经济研究参考, 2007 (19).

[3] 王胜金, 吴昊, 于潇. 论中国特色区域协调发展战略体系 [J]. 吉林大学学报 (社科版), 2008 (2).

[4] 张敦富, 付晓东. 区域经济合作与区域分工问题研究 [J]. 长江论坛, 2000 (6).

[5] 周民良. 经济重心、区域差距与协调发展 [J]. 中国社会科学, 2000 (2).

[6] 谷书堂, 唐杰. 我国的区域经济差异和区域政策选择 [J]. 南开经济研究, 1994 (2).

[7] 姜亦华. 对外开放与区域协同发展 [J]. 学海, 1996 (3).

[8] 厉以宁, 胡健颖, 胡兆量, 马戎, 于鸿君. 区域发展新思路——中国社会发展不平衡对现代化进程的影响与对策 [M]. 北京: 经济日报出版社, 2000.

[9] 曾坤生. 论区域经济动态协调发展 [J]. 中国软科学, 2000 (4).

[10] 黎鹏. 区域经济协同发展研究 [M]. 北京: 经济管理出版社, 2003.

[11] 黎鹏. 区域经济协同发展及其理论依据与实施途径 [J]. 地理与地理信息科学, 2005 (4).

[12] 王维国. 协调发展的理论与方法研究 [M]. 北京: 中国财政经济出版社, 2000.

[13] 刘海明, 杨健, 王灿雄, 林强. 区域经济协同发展研究进展综述——兼论区域经济协同发展机制建立的必要性 [J]. 中国集体经济, 2010 (3).

[14] 陈栋生. 我的空间经济观 [M] // 当代中国百名经济学家自述: 我的经济观. 北京: 中国社会科学院, 1991.

[15] 张文合. 我国区域经济发展战略的转变与选择 [J]. 经济研究, 1989 (1).

[16] 胡锦涛. 继续把改革开放伟大事业推向前进 [J]. 求是, 2008 (1).

[17] 中国新闻网. 改革开放三十年: 中国全方位对外开放格局成型 [EB/OL]. [2008-10-29]. http://www.chinanews.com.

[18] 李晓西. 借鉴美国区域经济政策, 缩小我国地区经济差别 [J]. 经济界, 1996 (12).

[19] 李国平, 王志宝. 中国区域空间结构演化态势研究 [J]. 北京大学学报 (哲学社会科学版), 2013 (3).

[20] 陆大道, 姚士谋, 李国平, 刘慧, 高晓路. 基于我国国情的城镇化过程综合分析 [J]. 经济地理, 2007 (6).

[21] 樊杰. 我国主体功能区划的科学基础 [J]. 地理学报, 2007 (4).

[22] 丁任重. 论中国区域经济布局新特征——兼评梯度推移理论 [J]. 经济学动态, 2006 (12).

[23] 郝寿义. 区域经济学原理 [M]. 上海: 上海人民出版社, 2007.

[24] 李国平, 陈红霞等. 协调发展与区域治理: 京津冀地区的实践 [M]. 北京: 北京大学出版社, 2012.

# Theory and Practice of Regional Synergetic Development in China

CHEN Hongxia    LI Guoping

**Abstract**: Regional synergetic development is the inherent demand of regional economic sustainable development, and it can enhance regional competitiveness. There are two practice tracks of national and regional synergetic development in China. On the national level of regional synergetic development practice, we have experienced a low-level equilibrium development stage, the unbalanced development stage, and the high-level equilibrium development stage since twenty-first Century. Taking Beijing-Tianjin-Hebei region as an example, on the regional level of synergetic development practice, the stage of solving certain problems, to achieve their own development aims stage, to pursue the overall interests' stage, and overall planning and regional synergetic development stage have been experienced. Based on the study on practice, this paper argues that the regional synergetic development is different from the regional integration, regional division of labor, and regional coordination. Its ultimate goal is to realize regional structure optimization, add to the economic vitality and realize sustainable regional economic system. Its connotation includes balancing between the equity and efficiency of the regional development, the priority and the continuation of the development order, the primary and secondary contradictions in the development process, the overall interests and local interests, and balancing the different development goals.

**Key Words**: Regional Synergetic Development; Regional System; Beijing-Tianjin-Hebei Metropolitan Region; Regional Planning

# 公共科技政策执行的
# 科层行为研究

智 强

（中央财经大学，北京 100081）

【摘 要】本文关注科技政策执行的微观过程，分析管理过程中的微观决策和协调行为及其影响因素，提出公共科技政策执行的微观解释，试图对当前中国实施创新驱动发展战略以及由政府为主导的科技创新政策改革提出具有可操作性的建议。研究选取国家科技计划中"863"计划作为数据来源和分析对象，以科技计划微观执行的官员及其行为作为关注点，采用质的研究与量的研究相结合的混合研究路径，回答三个层面的问题：第一，科技政策的微观执行存在着哪些困境？第二，哪些关键因素决定了科技创新政策的微观执行？第三，对科技创新政策体系改革有何启示？

【关键词】科技政策；政策过程；科技计划

## 一 引 言

政策执行是政策生命周期中的重要环节之一。科技政策从制定到面向直接对象的最终执行是一个非线性的细化、调整和再决策过程，因此政策的执行过程及其相关制度设计对政策目标的实现有着重要影响。

---

[作者简介] 智强，中央财经大学政府管理学院副教授，清华大学公共管理学院博士。

然而，就目前学界的研究而言，对科技创新政策的研究一直存在如下三个问题：第一，传统的研究依赖于古典经济学的均衡框架，认为通过实现科技资源的最优配置以达到均衡效率最优是科技创新政策的关键，故将研究的注意力集中在资源的投入配置决策与产出评价决策上，忽略了创新政策的过程对产出的影响，因此需要打开创新政策过程的黑箱，关注过程本身。第二，为了打开科技投入与产出之间的黑箱，近年来学界引入了演化经济学框架，进入到科技活动的动态过程内部，并形成了以国家创新系统为标志的宏观科技创新过程理论，将科技创新看作一种交互作用的动态社会系统。国家创新系统理论强调政府、企业、大学和研究机构等相关主体的互动，认为政府通过制度和组织创新来解决创新系统的失灵是影响科技创新效率的关键。但就其解释性而言，仅给出了大一统的宏观框架，没有回答科技创新目标如何在执行过程中由政策决策转化为政策结果的问题，缺乏操作意义上对政策改进的指导。第三，一直以来，科技政策的研究主要局限在以产业或企业为核心的创新管理和边界较模糊的科技管理范围内，提出影响创新结果的关键产业因素并在此基础上提出政策建议。但是，将科技政策作为一个外在环境变量，仅关注投入和产出两端，缺乏对政策本身相关的制度设计、执行过程等因素的关注，未将政策研究领域的理论成果充分借鉴过来，忽略了政策过程本身影响创新结果的机制研究。

## 二　文献综述

第二次世界大战后，以美国自然科学基金的建立为标志，资助科学技术的发展成为政府的重要职能，科技政策研究也随之诞生，不断发展。因此，对于科技政策的讨论，首先从政府的职能发展开来。

布什在其《科学：没有止境的前沿》报告中提出，一方面，科学进步对国家繁荣、人民幸福有着支撑性的作用，科学应当属于政府的职责范围；另一方面，政府对科学发展的支持应该以国家福利为目标。因此，应当设立专门的常设机构负责系统地提出和执行国家的科学政策。在报告中，布什将科学研究划分为基础研究和应用研究，并建立了著名的线性模式，即基础研究将带来科学知识的增加，从而产生自动的溢出效应，引起应用研究和开发，形成商业化，推动工业发展和经济增长。因此，政府需要对基础科学研究进行资助。同时，布什描述了政府与科学的理想关系，认为政府特别适合于协调和支持具有全国性重大意义的课题的全面规划，但需要去掉战时的硬性控制，恢复探索的自由和为扩充科学知识前沿必须的健康的科学竞争精神，也就是说，在政府的任何科学资助计划之下都应保护探索的自由，政府对科学本身的管理应当弱化。布什将创造科学知识的主体分为两类：一类是以基础研究为主的研究机构，主要由大学、企业和专门性的研究机构组成；另一类是政府内部已有的以应用为导向的研究机构。报告针对这两类研究主体明确提出了两个建议。一是应当建立一个"国家研究基金会"（National Research Foundation）以作为支持基础研究和制定国家科学政策的中心机构，这一建议经历了布什与基尔戈之争（朱建红，2003），最终于1950年通过"1950年国家科学基金会法案"建立了美国国家科学基金会。二是关于政府内的研究机构，应当建立一个常设的、由未卷入任何政府机构事务的、没有偏见的科学家组成的"科学顾问委员会"，在政策和预算两方面协调政府的研究机构（布什等，2004）。

随着第二次世界大战后美国科技政策体系的建立，布什提出的线性模式得到了实践，但同时，实践中的诸多问题引起了来自多方面的挑战和讨论。在政治科学领域，著名科学史学者 Don K. Price 于1954年便注意到了在实际执行过程中，科学与政府关系的实质是科学自由与政治责任间的协调（Reconciliation），并体现于科学家与行政者之间的关系（Scientists-administrator Relationship），而这一关系是非常难以建立并健康维持的。基于对该问题的长期研究，1965年，Price 出版了在科学与政府领域的重要著作《科学界》（*The Science Estate*）。在该书面世之前，他将该书的第一章——逃往没有止境的前沿（*Escape to the Endless Frontier*）发表在《科学》杂志上，从政治学的角度对万尼瓦尔·布什在《科学——没有止境的前沿》中提出的科学与政府关系进行挑战与反思。Price 犀利地指出，布什对罗斯福总统关于第二次世界大战后美国科学与政府关系的问题仅仅回答了一半，即仅仅考虑到了科学过程，也就是资助基础研究会带来科学向产业的外溢，却忽略了科学的政治过程。Price 认为，必须解释如何将强大的科学与美国的政治目标、社会价值以及经济发展和宪政制度真正联系起来，充分重视科学的社会政治过程，才能使美国走向无止境的前沿，否则只能是掩耳盗铃式地"逃离"布什所描述的理想情境。在《科学界》中，Price 从参与者的角度，建立了科学与政府关系的模型，如图1所示。

**图1　科学与政府关系的参与者谱系**

Price 将科学与政府关系中存在的四类重要的参与主体：科学界、专家、行政者、政治界，放在一个轴上，轴的左端代表着以科学事实为核心价值的科学家构成的科学界（Scientific Estate），轴的右端代表着政治价值的政治家，而中间是协助政治家将科学成果转化为国家目标的专家和行政者（Price，1965）。在实际过程中，遵循的原则是：越接近轴的左端，也就是仅考虑科学事实的情况下，科学的政治过程更倾向于科学家的自由探索和自治；越接近轴的右端，也就是更多地考虑政治力量的情况下，科学的政治过程难以自治理的形式存在，而是倾向于更多地考虑政治责任。Price 认为，处理科学与政府关系的核心是在科学事实和政治目标间进行协调。Price 建立的这个模型虽然很简单，但对于研究科学与政府关系中的主体类型提供了含有实用的意义的抽象。2008 年，美国 Syracuse 大学 Maxwell 公共事务学院的科技与政治学者 Lambright 在美国《公共管理评论》（*Public Administration Review*）上发表了该杂志当年的第一期第一篇文章《政府与科学》，系统回顾了美国科学与政府关系的历史演化以及该过程中学界的讨论，尤其对小布什政府时期政府与科学的紧张关系进行了回顾。Lambright 提出了一个美国，也是世界各国都面临的问题：尽管科学在政策决策中越来越成为核心，政府与科学的关系却面临着更多的不确定、竞争和内在的价值分歧与冲突。他认为，需要关注使科学家、行政人员和政治家能够更好地协作起来的微观策略。

因此，对于公共科技政策的微观过程的关注是深入科技政策内部的重要步骤。20 世纪 80~90 年代，学术界开始关注公共政策中的科学家群体与组织（Cross，1985；Golden，1988；Holdren，1989）。哈佛大学教授 Jasanoff（1990）的著作《第五部门——当科学顾问成为政策制定者》将公共政策中的科学家定义为被官僚用以借助科学知识实现政治目标的"第五部门"。自中国 1978 年改革开放以来，理论界逐渐开始关注科学共同体、科学家和专家在公共政策决策过程中的参与（朱旭峰，2005；钱再见等，2006）。程志波（2012）从科学共同体的整体角度上进行研究，认为科学共同体作为独立主体参与到科研管理中的重要作用，并提出了自律性、自主性和自治性的不足是影响我国科学共同体发挥作用的主要原因。薛澜（1996）、朱旭峰（2009）学者关注科学共同体中的一类特殊主体——思想库，在国外和中国的发展及在政策制定过程中的作用。思想库在美国产生，分为四类：官方的咨询研究机构、半官方的咨询研究机构、民间的咨询研究机构、大学的咨询研究机构，其特点也较为鲜明，具有竞争、透明的外部"市场"环境特点与高效、流动、超前、广角的内部组织与管理特点。

政府、科学共同体和社会，作为三类明确的科技政策参与主体，由于其边界相对清晰，成为科技政策微观过程研究的主要视角。但随着科学技术与政府政治互动的不断推进，逐渐产生了以科技与政治的边界为视角的研究，并且其脉络逐渐清晰。实际上，在 Price 1965 年的研究中，他已经关注到行政者（Administrators）和专家

（Professions）作为纯科学和纯政治代表之间的过渡角色，在决策过程中发挥着重要的协调性作用，在科学自治（Scientific Autonomy）和政治权威（Political Authority）之间平衡，对决策的效果有重要影响。虽然 Price 没有明确提出边界或界面的概念，但这一模型实质上已经注意到了在科学技术与政府政治之间的协调对决策的影响。波兹曼（Bozeman，1979）也注意到了这一边界上的问题，他在《正直坦率的科学》一文中聚焦于科技政策中的一类特殊角色：作为行政者的科学家。另一个有益的研究是最近由 Fuchs（2010）对美国国防部高级研究计划局（DARPA）项目管理人的研究。她根据对美国 DARPA 计划的长期跟踪，认为 DARPA 计划获得巨大成功的一个重要原因是其项目管理人发挥了协调作用。DARPA 中的项目主管通过采用识别方向、培育共同主题、建立共同体、提供第三方验证、不持续维护技术等非正式过程和制度安排扮演了"嵌入式网络代理人"的角色，他们不仅仅是代理人，而且是跨越在政治与科技界面上的桥梁（Boundary Spanner）、连接者（Connector）和系统集成者（Integrator）。因此，从科技政策视角下的理论发展脉络来看，关于科学技术与政府政治在微观过程中的互动边界正逐渐清晰，并越来越受到重视。

因此，本文建立在以上已有研究的基础上，试图走入公共科技政策的微观过程内部，寻找政策的内在逻辑。

## 三　研究方法

库恩（1980）在《科学革命的结构》一书中引入了"范式"的概念，指在科学活动的特定领域所形成的，被公认的模型或模式，是一种对本体论、认识论、价值观和方法论的基本承诺，是从事某一科学的研究者群体所共同遵从的世界观和行为方式。对于社会科学的研究一直存在着关于建构主义和实证主义的范式之争，并逐渐发展为四种主要的研究范式：建构主义、实证主义、后实证主义和实用主义。建构主义强调归纳的逻辑，即研究者根据现实得出具有一定普遍解释力的理论，如典型的人类学研究；实证主义和后实证主义强调演绎的逻辑，即对理论假设的实证检验，如典型的经济学研究；而实用主义将归纳和演绎相结合，强调建构主义与实证主义在特定研究问题下的整合（塔沙克里等，2009）。

对于本文公共科技政策的微观过程而言，由于研究者并不清楚该政策执行的实际情形，且已有的研究鲜有对中国情境下的微观执行过程及其规律做出理论解释，因此，应采纳"从实践中来，到实践中去"的实践论哲学观。本文采用将建构主义与实证主义相结合的实用主义研究范式，采用先归纳后演绎的推论逻辑，即采用质性方法与定量方法结合的研究策略，采纳客观论与主观论并存的认识论。

具体而言，第一阶段，本文采用人类学式的田野观察和访谈法开展定性研究。描述、分析并归纳本文对象中存在的规律。本文采用民族志式的田野观察、访谈，并结合已有的政策文本、报告和文献分析展开研究。第二阶段，研究采用并行的定性研究和定量研究，先由实证性的定性研究对第一阶段提出的理论进行验证，同时进行定量验证并改进。本文针对"十一五"、"863"五个技术领域的课题进行问卷调查，设计、发放问卷，回收了 282 份有效问卷，构成本文的数据来源，采用描述性统计、信度效度检验、因子分析和多元回归等定量方法，使用 Stata 和 SPSS 作为分析软件，展开定量研究。

## 四　公共科技政策的微观执行行为与执行困境

在对"十一五"、"863"课题的实施过程进行案例分析的基础上，本文归纳出科技政策的基层执行官员的两类执行行为，并提出其面临的三类科技政策执行困境，即权力责任困境、知识政治困境以及社会行动困境。

### （一）科技政策的微观执行行为

基于信息传递和产生的视角，我们可以将基层执行官员的政策执行行为归纳为两类、六种行为，分别是协调行为与决策行为。两类行为的特征、内容以及基层执行官员在该执行过程中的角色如表 1 所示。在政策执行的实际过程中，执行官员的协调和决策总是同时发生的，尽管在诸如立项、过程管理和监督等环节中，协调和决策的对象和目的不同，但从信息角度而言，执行者对信息的传递和供给是相对清晰的。从行为来看，基层官员的协调行为以促进相关执行主体间的信息表达和信息互动为主要特征，包括传达、组织和协商三种具体行为内容，在该过程中，基层官员扮演着多方执行者之间的信息互动中介；基层官员的决策行为伴随着他们在执行过程中的量裁权运用，并提供了新的、具有判断性和决策性特征的信息，直接影响相关执行主体的行为，其内容包括解释、量裁和变通，基层官员扮演着决策者的角色。

表 1　基层执行官员的执行行为

| 类型 | 特征 | 行为内容 | | 角色 |
|---|---|---|---|---|
| 协调行为 | 促进相关主体间的信息表达和互动 | 传达：上传、下达、窗口、行文、报告、通知 | | 中介 |
| | | 组织：正式互动，会议为主 | | |
| | | 协商：非正式协商、形式灵活 | | |
| 决策行为 | 提供判断性和决策性信息，运用裁量权 | 解释：给出的可适用于具体情景的阐释和说明 | | 决策者 |
| | | 裁量：依据管理规则在实际中对自由裁量权的强制性使用 | | |
| | | 变通：对管理规则做出调整后进行执行的行为 | | |

　　协调行为主要包括传达、组织和协商，是项目主管根据科技计划执行的需要，在政策执行的各类主体之间进行的信息互动，或组织相关主体进行信息互动的行为。从信息的角度来看，执行者的协调行为主要是促进信息的传递，执行者本身并不产生判断性或决策性的信息，主要扮演着组织者和中介的角色。从结果来看，协调行为的目的是促使执行相关参与者之间的信息表达和互动，并形成共识与合作。

　　决策行为是项目主管在政策执行过程中，根据实际情景，对管理规则的内容做出解释或对具体情况做出裁量和变通等行为。执行者的决策行为虽然受到规则的限制，但其决策行为在政策执行过程中为政策执行的相关主体提供了新的信息，该信息通常是判断性或决策性的，对执行相关主体的行为选择产生直接影响。决策行为通常伴随着项目主管对规则授予的自由裁量权的运用，项目主管扮演着执行过程中的决策者角色。

## （二）科技政策的微观执行困境

　　基于对科技计划微观执行案例的观察，现实中，基层官员面临着权力责任困境、科技—政治困境以及社会行动困境三类困境，如表 2 所示。

表 2　基层执行官员的执行困境

| 困境类型 | 特征 | 冲突 | 来源 | 核心变量 |
|---|---|---|---|---|
| 权力责任困境 | 官僚系统的"基层"和"一线" | 对上负责 VS 对下负责 VS 规则负责 | 有限的自由裁量权与多重责任在多样化情境下失衡 | 权责结构 |
| 科技—政治困境 | 技术官僚；科技与政治的"互动界面" | 科技诉求的政治表达 VS 政治责任的技术化 | 以自治为逻辑的科学技术和以政治责任为逻辑的政府政治在执行过程中的冲突、博弈与协调；知识理性与政治理性的冲突 | 知识运用（认知、获取、运用） |
| 社会行动困境 | 执行根植于社会结构与社会系统中 | 政治网络 VS 专家网络 VS 承担者网络 | 项目主管在执行过程中面临着多方网络间的权衡 | 社会网络 |

首先，项目主管作为官僚系统的"基层"，在被赋予一定的自由裁量权的同时，要在"对上负责"、"对下负责"与对"规则负责"的责任压力和冲突之间进行权衡，这些责任对应着来自上层领导、服务对象以及自身职责的需求。因此，项目主管在其执行过程中，要在责任压力与其所拥有的自由裁量权之间进行协调。由于多重责任之间存在冲突，有限的自由裁量权与管理规则存在摩擦，权力和责任在多样化的情境下产生了失衡，执行者面临着自由裁量权与多重责任间失配的执行权责困境，其背后的核心因素是权责结构的匹配。

其次，项目主管作为以科技研发活动为特征的科技政策执行"窗口"，是科学技术共同体与政府之间的互动界面。一方面，他们基于自身的知识背景，对科学技术问题进行认知，将来自科学共同体的压力转化为政治的表达和执行行为；另一方面，他们将政治压力和政治诉求技术化，转变为科技表达。因此，项目主管在其执行过程中，自身面临着以科学自治为基本逻辑的科学技术和以政治权威为基本规则的政府政治在执行过程中的冲突、博弈与协调，即"科技—政治"困境，其背后的核心因素是执行者的知识运用。

最后，政策执行并非发生在真空中，而是处于社会结构当中。项目主管在其实际执行中，承担着多方主体的互动和协调界面，面临的社会行动取决于多方主体间的社会网络和社会资本。当多方主体间存在潜在冲突时，其社会网络同时作用于项目主管，影响其行为，因此，项目主管面临着在多方网络之间进行权衡的困境，即社会行动困境，其背后的核心因素是社会网络。

## 五　公共科技政策的微观过程解释模型与核心影响因素

基于上述的科技政策执行行为和执行困境，我们对已有的文献和经验研究进行了回顾与归纳，从权责结构、社会网络和知识运用等因素入手，建构了如图1所示的解释模型。由于研究中涉及的执行因素、执行行为等过程因素较为抽象，不易直接从年鉴、报告、报表等公开资料中获取统计数据，同时关于可能反映课题执行因素的客观资料均属于政府内部资料，无法获取，因此本文的数据收集采用了政治学和管理学中常用的问卷调查方法。基于笔者在项目主管所在中心事业单位的工作经验，在课题的执行全过程当中，项目主管是整个过程的观察和组织者，对于课题的具体执行情况、相关因素状况以及课题最终绩效最为了解，经预发放问卷得到的结果验证，其在问卷中对课题相关情况的填写与事实较为相符，因此，本文对课题的调查问卷由对应的项目主管来填写。

本文的问卷采取以下设计流程：①基于理论文献回顾，对每个变量的测量列出3个左右引用较多的可能题项，这在一定程度上保证了问卷的效度与信度，之后，与中心工作同事（项目主管）的讨论以及调研访谈的经验进行筛选和改进，形成问卷调查对象可认识清晰其意义的预调查问卷一稿。②征求学术团队同行和专家的意见，吸取相关经验，发现问题进行改进。这一环节中，笔者请教了政治学定量研究的专家对问卷进行改进，并通过学术报告的方式进行集体修改。③在此基础上，将问卷在笔者所借调工作的专业处开会时进行介绍，征求他们的意见，并与其他专业处的两位处长以及中心的领导进行讨论，对语言表达方式进行改进形成调查问卷三稿。④发放15份预调查问卷，逐一了解课题客观情况与问卷反馈之间的一致性，并对题项进行纯化，形成最终的调查问卷。实际上，在4个环节中，本文问卷经历了8个版本的改进，整个设计和修改过程历时约6周。

本文在可涉及的信息、新材料、先进制造、先进能源、现代交通五个领域发放了问卷，了解各领域内的"十一五"、"863"课题执行情况。问卷以课题为调查对象，以各领域的"十一五"、"863"课题全样本作为抽样框，将所有的课题代码作为待抽样列表，采用随机抽样的方式抽取100个课题，然后确定课题对应的项目主管，并将对应课题的问卷发放给项目主管进行填写。共发放问卷500份，回收有效问卷282份，有效问卷率56.4%。各领域问卷的发放与回收的详细情况如表3所示。

表3　各领域问卷发放及回收情况

| 领域 | 发放问卷 | 回收问卷 | 回收率（%） | 有效问卷 | 有效率（%） | 领域占总体比例（%） |
|---|---|---|---|---|---|---|
| 信息 | 100 | 58 | 58 | 49 | 49 | 17.38 |
| 材料 | 100 | 48 | 48 | 38 | 38 | 13.48 |
| 能源 | 100 | 100 | 100 | 100 | 100 | 35.46 |
| 汽车 | 100 | 58 | 58 | 58 | 58 | 20.56 |
| 制造 | 100 | 37 | 37 | 37 | 37 | 13.12 |
| 合计 | 500 | 301 | 60.2 | 282 | 56.4 | 100 |

表4为回收样本的基本资料，主要来看回收的样本分布情况。从课题的类型来看，专题课题和项目课题的分布率分别为48.23%和51.77%，分布较为均匀。承担单位中，高校占比略高，企业和科研院所次之，符合"863"课题的总体情况。对于研发类型而言，"863"课题主要支持国家需求的具有应用前景的高技术，在回收问卷中，探索、试验开发以及示范应用三类课题的分布较为均匀。因此，总体上本文样本的覆盖范围适度，具有较好的代表性。

控制变量的描述统计分析如表5所示。

表 4 课题的基本资料情况

| 课题特征 | 分类标准 | 样本数 | 百分比（%） | 累计百分比（%） |
|---|---|---|---|---|
| 课题所在技术领域 | 信息 | 49 | 17.38 | 17.38 |
| | 材料 | 38 | 13.48 | 30.86 |
| | 能源 | 100 | 35.46 | 66.32 |
| | 汽车 | 58 | 20.56 | 86.89 |
| | 制造 | 37 | 13.12 | 100.00 |
| 课题类型 | 专题 | 136 | 48.23 | 48.23 |
| | 项目 | 146 | 51.77 | 51.77 |
| 研发类型 | 前沿探索研究 | 89 | 31.56 | 31.56 |
| | 试验开发 | 111 | 39.36 | 70.82 |
| | 示范应用 | 82 | 29.08 | 100.00 |
| 承担单位类型 | 企业 | 98 | 34.75 | 34.75 |
| | 高校 | 117 | 41.49 | 76.24 |
| | 科研院所 | 63 | 22.34 | 98.58 |
| | 其他 | 4 | 1.42 | 100 |

表 5 控制变量的描述性统计分析

| 课题特征 | 均值 | 标准差 | 最小值 | 最大值 |
|---|---|---|---|---|
| 课题技术难度 | 3.195 | 0.585 | 2 | 4 |
| 课题技术类型 | 0.517 | 0.500 | 0 | 1 |
| 承担人技术实力 | 3.234 | 0.598 | 2 | 4 |
| 承担人责任心 | 3.276 | 0.660 | 2 | 4 |

注：样本数为 282，课题技术类型采用 0，1 变量，0 为专题课题，1 为项目课题，其他变量为从弱到强的 4 级量表，其中课题技术难度分值越低代表越难。

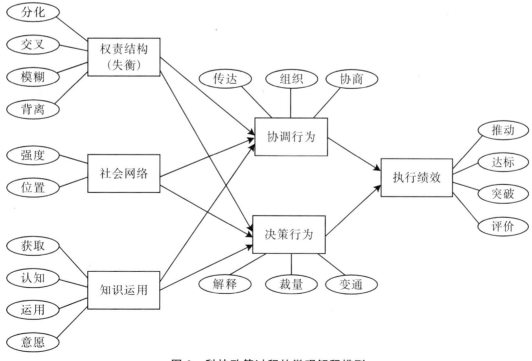

图 2 科技政策过程的微观解释模型

表 6　执行行为的中介作用解释模型

| 变　量 | 模型 1 参考模型 | 模型 2 权责模型 | 模型 5 网络模型 | 模型 6 网络—协调中介 | 模型 7 网络—决策中介 | 模型 8 知识模型 | 模型 9 知识—协调中介 | 模型 10 知识—决策中介 |
|---|---|---|---|---|---|---|---|---|
| 控制变量 | | | | | | | | |
| 课题技术难度（标准化系数） | 0.341** 0.199 | 0.347** 0.203 | 0.340** 0.199 | 0.339*** 0.198 | 0.319*** 0.187 | 0.013 0.008 | 0.076 0.044 | 0.063 0.037 |
| 课题技术类型（标准化系数） | 0.151** 0.137 | 0.156** 0.142 | 0.145** 0.132 | 0.113* 0.103 | 0.154** 0.141 | 0.129 0.117 | 0.108* 0.098 | 0.136** 0.124 |
| 承担人技术实力（标准化系数） | −0.090 −0.054 | −0.077 −0.046 | −0.129 −0.077 | −0.087 −0.052 | −0.133 −0.079 | −0.027 −0.016 | −0.043 −0.026 | −0.062 −0.037 |
| 承担人责任心（标准化系数） | 0.629*** 0.415 | 0.624*** 0.412 | 0.497*** 0.328 | 0.467*** 0.308 | 0.429*** 0.283 | 0.449 0.296 | 0.358*** 0.236 | 0.372*** 0.246 |
| 不确定性（标准化系数） | −0.134** −0.134 | −0.084 −0.084 | −0.134** −0.134 | −0.050 −0.050 | −0.017 −0.017 | 0.001 0.001 | 0.028 0.028 | 0.047 0.047 |
| 自变量 | | | | | | | | |
| 权责结构因子（标准化系数） | | −0.079 −0.179 | | | | | | |
| 社会网络因子（标准化系数） | | | 0.186** 0.186 | −0.043 −0.043 | 0.030 0.030 | | | |
| 知识运用因子（标准化系数） | | | | | | 0.539*** 0.539 | 0.435*** 0.435 | 0.434*** 0.434 |
| 中介变量 | | | | | | | | |
| 协调行为因子（标准化系数） | | | | 0.435*** 0.435 | | | 0.281*** 0.281 | |
| 决策行为因子（标准化系数） | | | | | 0.408*** 0.408 | | | 0.254*** 0.254 |
| 参数与常数项 | | | | | | | | |
| $R^2$ | 0.305 | 0.309 | 0.328 | 0.454 | 0.441 | 0.512 | 0.572 | 0.5549 |
| 调整后的 $R^2$ | 0.292 | 0.294 | 0.313 | 0.440 | 0.426 | 0.501 | 0.561 | 0.5435 |
| F 值检验 | 24.27 | 20.51 | 22.43 | 32.57 | 30.90 | 48.16 | 52.31 | 48.79 |
| 常数项 | −3.144*** | −3.199*** | −2.569*** | −2.546*** | −2.290*** | −1.669 | −1.481*** | −1.479*** |

注：被解释变量为执行绩效；模型系数中括号内数字为标准化系数；N = 282；$^+P < 0.10$；$^*P < 0.05$；$^{**}P < 0.01$；$^{***}P < 0.001$。

研究通过五个执行案例的分析和 282 份有效样本的多元回归分析得出如下结论：

首先，自由裁量权与责任的结构配置是政策执行制度设计的重要变量，权力的划分应当对应与之一致的责任。"权"与"责"的分化、交叉、模糊和背离——统称为"权责结构失衡"对项目主管的执行行为产生负向影响，相对于权责结构对协调行为的影响而言，权责结构对决策行为的影响更大。因此，在项目主管面临着具体的情景，需要对课题的执行进行决策时，权责困境给执行者带来较大的压力，政策执行在很大程度上受制于权责结构的失衡状况。从制度的视角来看，现有的自下而上政策执行过程研究往往仅关注了"权力"的作用，却忽视了权力背后存在着一个假设，即权力的授予是以承担相应责任为基础的，然而在执行制度的设计中，对于权力的划分和控制，并不意味着在责任上的一致划分。从科技计划的执行过程来看，"权"与"责"在多元情境下出现了失配，尤其是就目前中国的官僚体系而言，不同层级的权责划分并非十分清晰，对于一线执行者来说，往往面临着权力的不断分化，并与责任结构产生失衡。因此，权责配置是本文发现的一个影响中国执行制度设计的核心变量。

其次，多方社会网络是影响基层官员执行行为的关键因素，尤其是影响执行者在信息互动过程中的行为。社会网络是中国情境下的一个重要变量，从影响来看，项目主管面对的社会网络状况，包括网络强度和位置，对执行行为产生正向影响，且对协调行为的影响最大。从协调行为来看，项目主管作为执行相关主体之间的信息互动界面，通过传达、组织、协商等正式和非正式方式促进主体间的信息互动。而项目主管与主体间的关系网络，是其协调的重要基础，并且在项目主管的决策行为中，也发挥着显著的作用。另外，在多元回归分析中的第二组假设验证中，我们发现，当项目主管与承担者之间具有较好的社会网络时，有责任心的承担人通过其社会网络，对项目主管的决策行为产生影响。这一点与 Lipsky 等学者对基层官僚的研究相一致。可见，社会网络是承担人影响执行者决策的媒介。

再次，知识运用是影响科技政策基层官员决策行为，包括解释、裁量、变通等的重要变量。项目主管对执行过程中所需管理和技术知识的获取、认知、运用和意愿——统称为"知识运用"对其执行行为具有正向影响，并且知识运用对决策行为的影响最大。这说明，在决策行为中，项目主管的知识是执行过程中对规则的解释、对裁量权的运用以及对程序和规则的变通的重要基础。另外，知识运用能力还能促进项目主管建立其社会网络进而影响执行结果。在科技政策的执行过程中，对于执行官员的知识要求是较高的。由于前沿的研发，其知识的更新较快，因此，要求项目主管能够及时地获取关键的知识，对其加以认识，并结合其管理上的经验，运用到实际的协调当中。从协调行为和决策行为来看，前者对于知识的要求低于后者，这是因为协调过程中，执行者的主要任务是促进相关主体间的信息互动，而后者，要求执行者对面临的问题进行加工，做出决策。

最后，基层执行官员的协调行为和执行行为能够降低执行过程的不确定性，对执行绩效产生正向影响，且以促进相关主体信息互动为核心的协调行为对绩效的影响略大于决策行为。政策执行影响政策结果，基层执行官员的协调行为和执行行为能够降低执行过程的不确定性，对执行绩效产生显著正向影响，且协调行为对绩效的影响略大于决策行为。在定量研究中，我们对课题的技术特征进行控制，发现课题的技术难度和技术类型对执行者的执行行为影响不显著，这说明在"863"计划的管理过程中，项目主管并不会因为课题本身的难度而影响其执行行为。但是，我们对技术不确定性、利益不确定性和过程不确定性——统称为不确定性进行了控制，发现不确定性对执行绩效有显著影响，且在模型中加入执行行为变量后，不确定性对绩效的影响变得不显著，表明执行者的执行行为对于应对不确定性的负向作用非常重要。项目主管作为科技与政治之间的界面，他们对信息的传递作用十分重要，协调行为对结果的影响大于决策行为对结果的影响。虽然执行者在执行过程中具有有限的和被规则限制的裁量权，但对政策结果具有决定性作用，而就处于界面上的科技政策执行者来说，即使他们的裁量权受到各类规则、资源的限制，他们只要能够积极地发挥执行过程中的促进信息互动功能，就会对政策的结果起到重要作用，因此，处于科技政策一线的执行官员是政策过程链条中非常重要的一类主体。

## 六　结论与政策建议

本文建立了解释科技计划微观执行过程影响政策结果的理论模型，即权责结构、社会网络以及知识运用对执行者的两类执行行为——协调行为和决策行为具有显著影响，并以执行行为为中介，影响最终的执行绩效。研究结论在如下五个方面提出具有"反直觉"性的政策建议，即结论与我们的传统认知或现行政策方向存在一定程度的冲突。

第一，顶层设计与微观执行。在中国的政策过程以及体制改革过程中，"强化顶层设计"被反复强调，研究者和实践者都将关注点投入到宏观制度上，并自然而然地认为，好的顶层制度设计必然带来高的政策绩效，常常忽略了政策绩效的实现是政策经过层层传达，最终通过处于官僚系统基层的执行者落实的。基层官员是现实中的多重政策执行困境的协调者和决策者，他们往往面临着激烈的冲突和难以应对的矛盾，是政策目标达成的关键环节。本文的研究证明，基层官员的执行行为选择对政策执行的绩效具有显著影响，因此，在政策制度设计过程中，不仅应当注重解决顶层的"条块"协调问题，还应当完善政策的微观执行制度。

第二，权力配置规范化过程中的责任逻辑。在制度的设计过程中，相对于责任而言，权力是更容易进行界定和划分的，并且由于行政性的权力是稀缺资源，因而受到更多的关注，制度的设计和改革也围绕着权力的划分进行。事实上，以权力的界定为核心的制度设计存在一个非常容易被忽略的前提假设，即权力的划分可以对应与之相一致的责任划分，换言之，就是权力主体在被授予权力的同时能够承担与权力相应的责任。但是，在现实中，权力与责任之间的结构配置常常是失衡的。以科技体制改革为例，在2012年9月23日由中共中央、国务院颁布的《关于深化科技体制改革加快国家创新体系建设的意见》中提出"推进科技项目管理改革，建立健全科技项目决策、执行、评价相对分开、互相监督的运行机制"。作为未来的制度设计原则。从权力配置的逻辑来看，决策、执行、监督评价相分离的目标是为了避免权力的过度集中而带来的公平问题，但从责任逻辑来看，由于权力的分化过程中，责任具有不可分性，因此造成了责任主体的缺失。正如前文的分析，负责执行的官员常常需要规避由于其他主体决策而产生的责任。因此，本文建议科技体制改革的制度设计中，应当充分考虑权力划分与责任划分的一致性问题。决策、执行、监督相分离的背后应当考虑责任的可分性，防止抓权放责、责任主体缺失带来的权责失配。

第三，社会网络在执行过程中发挥作用的逻辑合理性。当前，科技界常常诟病"关系文化"。尽管我们并不否认科研文化可能带来的负效应，但本文的研究从另一个角度提出社会网络在科技政策执行过程中的积极作用和合理性。在现行的政策执行体制下，由于条块的分割、权力的分化和部门的竞争，使得政策执行出现了"孤岛"现象，不同权力部门间的正式渠道沟通和信息互动相对低效。而政策执行者和相关主体间的社会网络，成为通过社会结构破解制度"孤岛"难题的渠道。执行者的社会网络能够促进其在政策执行过程中的多方协调和决策。因此，执行者常常需要通过"关系"来解决和应对执行困境，对执行的结果产生积极意义。在本文研究的案例调研过程中，几乎所有的课题负责人都认同，他们与项目主管间的社会网络有助于更好地执行决策。

第四，微观执行过程中，协调比决策更为重要。在政策研究者和实践者的传统认识中，政策过程中的决策是影响政策结果的核心，因而决策过程受到更为普遍的关注和重视。本文的研究发现，在基层官员的政策执行过程中，尽管执行者具有一定程度上的自由裁量权，也常常对不同情境下的政策执行进行决策，但从对政策结果的影响来看，执行者的协调行为影响更大。也就是说，政策过程中多方的信息互动本身是各方达成目标共识的关键环节。因此，在制度设计过程中，对于政策的微观执行应当完善相应的制度，投入更多的资源用于促进执行者的协调行为。

第五，执行官员的专业化。本文的研究发现，执行官员的知识运用能力在很大程度上影响其执行行为，并影响政策结果。在当前不断强调决策科学化的过程中，从事政策执行的大量行政性官员的专业化程度应当受到重视。因此，本文建议，政府应当关注政策在微观过程中的运行，在执行人员的选择上，协调能力和专业知识是科技政策执行官员遴选的重要标准。

**参考文献**

［1］Bozeman B."Straight Arrow Science Policy" and Its Dangers ［J］. Public Administration Review，1979，39.

［2］Cross A. T. An Examination of the Role of Nutrition：Scientists in the Federal Legislative Policy Formation Process ［D］. Berkeley：University of California，1985.

［3］Fuchs E. R. Rethinking the Role of the State in Technology Development：DARPA and the Case for Embedded Network Governance ［J］. Research Policy，2010，39.

［4］Golden W. T. Science and Technology Advice to the President，Congress，and the Judiciary ［M］. New Brunswick：Transaction，1988.

［5］Holdren J. P. Science and Technology Advice for Governments ［J］. Manuscript，December 1989.

［6］Jasanoff S. The Fifth Branch：Science Advisers as Policymakers ［M］. Harvard University Press，Cambridge，MA，1990.

［7］Lambright W. H. Government and Science：A Troubled，Critical Relationship and What Can Be Done about It ［J］. Public Administration Review，2008，68.

［8］Price D. K. Government and Science：Their Dynamic Relation in American ［M］. Democracy，New York，New York University Press，1954.

［9］Price D. K. The Scientific Estate ［M］. Cambridge，MA：Belnap Press of Harvard University Press，1965.

［10］阿巴斯·塔沙克里，查尔斯·特得莱. 混合方法论：定性方法和定量方法的结合 ［M］. 唐海华译. 重庆：重庆大学出版社，2009.

［11］程志波，李正风. 论科学治理中的科学共同体 ［J］. 科学学研究，2012（2）.

［12］钱再见，李金霞. 论科学决策中的专家失灵及其责任机制建构 ［J］. 理论探讨，2006（4）.

［13］万尼瓦尔·布什. 科学：没有止境的前沿 ［M］. 范岱年等译. 北京：商务印书馆，2004.

［14］薛澜. 在美国公共政策制订过程中的思想库 ［J］. 国际经济评论，1996（6）.

［15］朱建红. 美国国家科学基金会成立背景述评 ［J］. 自然科学史研究，2003（2）.

［16］朱旭峰. 中国思想库政策过程中的影响力研究 ［M］. 北京：清华大学出版社，2009.

# A Study of Bureaucracy Behavior in China's Science and Technology Policy Implementation

ZHI Qiang

**Abstract**: This paper examines the micro process of policy implementation of China's S&T policy. By analyzing the decision making behavior and coordination behavior of the cadres, we find a theoretical framework to understanding the mechanism of China's bureau cratic system. This paper use the case study of 863 to show how the cadres interacted with the S&T affairs. The paper finally answered three questions: first, what dilemmas exist in S&T policy implementation? Second, what are the key factors influencing the process? Third, how can we improve the policy making for S&T projects?

**Key Words**: S&T Policy; Policy Process; S&T Projects

# 公共战略视域下的我国环境保护政策变迁

马 忻

（云南民族大学，昆明 650021）

【摘 要】本文选取我国改革开放以来国家层面所颁布的 582 份环境保护政策文本，首次应用文本计量的分析方法，对我国环境保护的政策演进历程进行系统梳理，并尝试揭示其背后的战略脉络。研究发现，我国的环境保护战略在 21 世纪以来形成由"重点推进"向"全面跃迁"的重大转变，本文进而应用"环境压力"和"回应力"的涨落分析了这一战略决策的动因。

【关键词】公共战略；环境保护；政策变迁；政策文本计量

## 一 引 言

环境保护是国家治理现代化进程中的重大战略议题。改革开放极大地解放了生产力，我国经济增长由此迈入高速轨道，与此同时，西方国家百余年工业化进程中分阶段所出现的环境问题，也在近几十年间集中出现，使我国环境问题具有明显的集中性、结构性和复杂性特征。我国环境保护事业的起步与发达国家基本同期，但国情背景与物质条件上的截然不同，决定着我国环境保护事业发展道路的独特性，

[作者简介] 马忻，博士，现任云南民族大学政治与公共管理学院副教授，研究方向为公共部门战略管理、公共政策。

可以说，除了政策工具与环保技术层面，在战略层面难以从发达国家借鉴经验。从现有文献来看，在研究视角上，较少从公共战略视角展开研究，而在研究方法上，采用系统的文本计量方法的研究还有缺口。本文将环境保护政策纳入公共战略视野，首次应用文本计量的方法，通过回溯和梳理我国改革开放以来的环境保护政策变迁，揭示我国环境保护战略转变历程，同时也为我国情境下的环境保护战略和政策理论研究与实践创新提供文本数据和信息参考。本文的余下部分安排如下：第二部分为文献综述，第三部分提出分析框架，第四部分展开政策文本计量分析，第五部分为结论与展望。

## 二 文献综述

公共战略学是随着公共治理环境复杂性的日益增加而涌现出来的一门新兴学科。它以实现公共价值为核心价值取向和目标使命，注重平衡各利益群体当前及未来的需求，探讨特定区域或组织未来一段时间内的全局谋划和远景选择。环境保护战略是国家战略体系中的重要一环，环境保护战略与环境保护政策选择间具有密切关联，这一对接环节是公共战略学与公共政策学共同关注的重要研究领域之一。事实上，我国近几十年来环境保护政策变迁有其内在战略动因，但由于公共战略学兴起时间较晚，现有文献中的相关研究存在缺口。近年来，公共战略研究取得重要进展，赵景华、李宇环（2010，2011）从学科构建的角度论述了公共战略学，提出了公共战略学的未来发展趋势，倡导建立公共战略学的学科体系。赵景华、王伟（2013）对政府战略规划和城市规划展开理论研究与文本梳理。赵景华、马忻、李宇环（2014）通过对战略拐点的研究进一步推动了公共战略学研究方法体系与理论工具的构建完善。李宇环（2014）结合中国情景，从战略管理过程的视角构建地方政府战略管理能力评价的理论模型，尝试将战略管理引入地方政府管理实践。在此背景下，公共战略视域下的环境保护政策研究也日益成为学界关注的焦点。

公共政策是政府解决公共问题的意图和实现意图的行动表述，政策变迁是指由于实际情况的变动使得原有政策难以继续适用时，政府对原有政策进行调整、修改或出台新政策的过程。自20世纪80年代以来，国外学界对于政策变迁的研究进入了非渐进性的阶段，其中较有代表性的是多源流理论、间断均衡理论和政策范式理论。多源流理论（约翰·W.金登，1984）主要探讨了政策制定的前阶段到议程设立的过程，金登（2004）指出，决策系统中有三条过程"溪流"，即"问题溪流"、

"政策溪流"和"政治溪流",这三者相互独立且各自都是按照自身动态特性与规律运作,在某个关键的时间点,这三条溪流结合在一起,公共问题就会被提上政策议程,这个关键的时间点就是所谓的"政策之窗"。间断均衡理论(S. Walgrave & F. Varone,1992)则关注政策在运行过程中的演变,认为在大多数情况下,政策演变过程呈现出一种稳定和渐进主义的总趋势,但是偶尔会出现重大变迁。目前,引入上述西方经典理论结合我国政策实践的文献较多,但综合分析公共战略与公共政策内在逻辑的研究还很少。

政策文本计量是公共政策研究中一种重要分析方法,是以政策体系和政策数量特征为研究对象,采用数学、统计学等计量方法,研究公共政策的主体与议题的分布结构和政策文本的数量变化等,进而探讨公共政策的结构、特征和演进规律。从现有文献来看,从公共战略视角对我国环境保护政策变迁所展开的研究较少,另外,政策变迁理论和政策文本计量作为公共政策研究中的重要理论与方法,将两者综合应用而展开的研究还有所不足。

## 三 分析框架与研究样本

### (一)分析框架构建

已有文献中,大多以政策文本的发布时间、数量、类别等为主要内容进行梳理性分析,这一类框架在对战略转变及政策变迁的动态过程展开分析时就显得力不从心。对此,本文尝试将公共战略理论与政策变迁理论相结合,针对环境保护领域的特征提出了一个更适用于研究需要的政策文本计量分析框架,如图1所示。

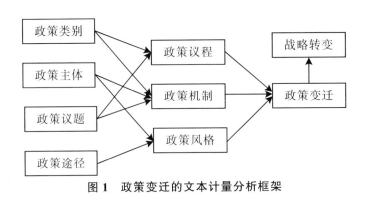

图1 政策变迁的文本计量分析框架

其中，政策议程是指对议题重要性进行的优先顺序排列，本文主要通过测度不同政策议题在总体中的比例变化情况来分析政策议程；政策机制是指政策主体制定、颁布和实施政策的行动框架与关系模式，反映着各部门在制定环境保护政策中的职能与偏好，主要通过对政策主体与政策议题的交互分析来考察；政策风格是指决策者对实现政策目标而在政策途径选择上所持有的理念和偏好，可以通过分析不同政策途径在总体中的比例变化情况来反映。以上三个方面可能单独发生变化也可能同时发生变化，而后一种情况下政策变迁的突进性特征较为显著，从而能映射出其背后的重大战略转变。

从经验研究来看，环境保护战略的影响因素大致可分为两类：一类是外部的环境压力，包括资源消耗、污染排放、生态退化、环境问题引致的经济损失等；另一类是内部的回应力，包括思想理念、制度安排、政策体系、经济基础与技术水平等。根据这两类因素，在已有研究的基础上，将在不同形势下可能采用的战略分为四种类型：框架构建、重点推进、优化调整和全面跃迁。一般而言，当国家经济基础较为薄弱，工业化程度不高，压力与回应力都较弱时，环境保护战略宜谋求"框架构建"，注重理念构建与思想统一，以适当超前的政策为今后发展谋求更多回旋空间。随着社会经济发展，可能出现其他三种情况：第一种情况，压力提高较快而回应力滞后，因而较宜采取"重点推进"战略，出台针对性政策缓解重点区域张力，把握时机加快提升回应力；第二种情况，回应力提升快于压力上升，此时可能的战略主要是对现有政策的"优化调整"，延长"环境红利"，力争为经济的持续增长提供更充裕的时间和空间；第三种情况，回应力提升与压力上升较为接近，在两者都突破一定阈值后，可能出现"全面跃迁"的战略之窗，带来政策议程、政策机制和政策风格的同时变迁，从而形成"战略拐点"。

## （二）研究样本的界定与选择

研究样本界定与选取原则。本文对环境保护政策文本的选择仅局限于国家层面，即由全国人大、中共中央、国务院及其组成机构等单独或联合颁布的环境保护政策文件，而不包括地方政府颁布的环境保护政策文件。在文本的选择上遵循权威性、公开性、相关性原则。

研究样本的收集、选取和数据化。政策文本收集以官网收集法和数据库收集法为主要方法，时间起止为1978年1月至2013年12月。通过官网收集和数据库收集，初步收集886份与环境保护政策有关联的文件，通过对初步收集的政策文本按照既定原则进行分类、整理和遴选，最终选定582份政策文本作为研究样本，基本信息如表1所示。

表 1　本文选定的政策文本类别及数量

| 政策颁布机构 | 全国人大 | 国务院 | | 国务院组成机构 | | | | 合计 |
|---|---|---|---|---|---|---|---|---|
| 政策类别 | 法律 | 行政法规 | 国务院发布的规范性文件 | 国家环保部门规章 | 国务院部门有关规章 | 国家环保部门发布的规范性文件 | 国务院部门发布的规范性文件 | |
| 文本数量 | 22 | 37 | 85 | 70 | 19 | 190 | 159 | 582 |

注：政策文本搜索时间自 1978 年 1 月 1 日至 2013 年 12 月 31 日，初步收集 886 份，最终选择 582 份；政策类别顺序按国家环境保护部官方网站"政策法规司"板块中所列顺序排列。

## 四　我国环境保护政策的文本计量分析

下面依循前文所提出的分析框架，分别从政策时点与数量、政策议程、政策机制和政策风格四个方面考察我国改革开放以来的环境保护政策变迁，由此归纳我国环境保护战略历程及经验。

### （一）政策时点与数量分析

自 1978 年以来，我国每年颁布的环境保护政策文本数量呈上升趋势，平均每年颁布 11.32 份，自 1983 年后每年都有政策出台，但直到 2001 年后开始呈加速趋势，并在 2007 年文本数量达到 82 份时出现一个顶峰，之后进入政策消化期，文本数量有所回降。从我国国民经济与社会发展五年计划（规划）的比较来看，1978~2013年我国共制定五年计划（规划）7 个，"六五"期间平均每年颁布 1.6 份环境保护政策文本，"七五"期间每年 2.6 份，"八五"期间每年 3 份，"九五"期间每年 7.8份，"十五"期间猛增全 23 份，"十一五"期间达到顶峰每年 63 份，"十二五"头三年平均每年 25.3 份。从政策文本的数量历年变化情况来看，我国在"十五"期间或"十一五"期间，具体在 2001~2002 年或是 2005~2006 年间政策变迁的"突进性"特征较为显著。

### （二）政策议程分析

我国环境保护政策主要包括 14 个议题，这些议题并非同时出现，在文本数量上也有很大差异。

图 2 显示，2002 年后多个新议题开始出现，包括"节能减排与清洁生产"，"行业规制与准入"，"产业指导与支持"以及"综合利用与循环经济"等，其 96%以上

的政策文本是在 2002 年后出现。进一步分析发现，2002 年后的几年中政策议程总体变化不大，这些新议题开始改写政策议程是在 2006 年前后，"产业指导与支持"等三个议题在 2007 年占到当年十四个议题政策文本总量的 42%，其中，"产业指导与支持"和"节能减排与清洁生产"先后在 2006 年、2007 年成为首要议题。自2006 年开始，以"环境影响评价"和"环境监督与执法"占主要地位的传统政策议程发生了重大转变，新议题排到了政策议程前列，相应的政策文本也开始密集出现。虽然政策文本总量在 2011 年后有所回落，但这一变迁趋势延续至今。

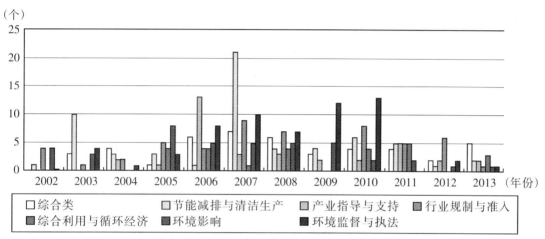

图 2　我国环境保护主要议题与政策议程的变化趋势（2002~2013 年）

## （三）政策机制分析

本文所选取的 582 份政策文本涉及了全部十四个议题，共涉及包括全国人大、国务院、国务院组成部门以及国务院直属机构在内的 39 个政策主体。国务院 25 个组成部门中 20 个都曾就环境保护发文或联合发文。其中，全国人大和国务院是决定环境保护政策的重要机构，国务院的发文覆盖全部十四个议题；在国务院组成部门中，除环境保护部外，发改委、科技部、工信部、财政部、国土资源部、交通运输部、农业部以及商务部都属于涉及议题较多的部门，对环境保护政策具有较大影响力；仅国防部、国家民委、国安部、民政部和文化部未曾单独或联合发布环境保护相关文件。不同政策主体所颁布文本数量如图 3 所示。

第一，从数量上来看环境保护部是颁布政策文本的首要主体，其所颁布文本占总文本数量的 45.3%。第二，一般而言，权威性越高的政策主体颁布的文本数量越少，但在 1979~1989 年，全国人大作为最高权威主体颁布了五份政策文本，占到总量的 40%，从一个层面反映出我国环境保护在这一发展阶段尚处在"拓荒期"，需要高层权威来开辟道路。第三，国务院所发布的政策文本保持了较为平衡的上升趋

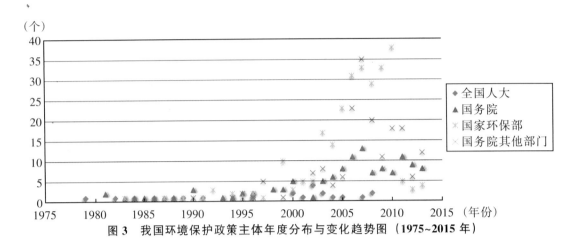

**图3　我国环境保护政策主体年度分布与变化趋势图（1975~2015年）**

势，而环境保护部门和其他部门在来自全国人大和国务院的权威政策铺垫后，所发布政策文本数量在2000年后开始迅速增加。第四，国务院其他部门所发布文件中联合发文的比例占到57%，时间上看81%是在2006年及之后发布的；在环保部门所发布的文件中也有3%是与其他部门联合发文，时间上看都是在2006年及之后，说明其他部门自2006年开始更多地参与到环境保护工作中。第五，在2007年后国务院和其他部门所颁布文本数量开始超过环境保护部门，转而成为主要政策主体。之前主要由环境保护部门制定和颁布政策的原有政策机制从20世纪90年代中后期开始发生转变，众多部门都参与到环境保护政策的制定与颁行工作中并发挥着越来越多的作用，到2010年前后逐步形成了现有政策机制。这一机制转变意味着政策主体结构的多元化，使环境保护部门面临新的机遇与挑战，一方面是多部门参与能形成合力推动环境保护事业快速发展，另一方面也要求环境保护部从根本上转变角色，侧重在更加复杂格局中的平衡与协调工作。

## （四）政策风格分析

我国环境保护的政策风格，就总量而言是以行政途径为主导（见表2），从变迁过程动态来看，行政途径所占比重有所降低，经济途径和社会途径在21世纪以来开

**表2　政策主体与政策途径的交互比较**

| 途径/主体 | 全国人大 | | 国务院 | | 国务院组成机构 | | | | 合计 | |
|---|---|---|---|---|---|---|---|---|---|---|
| | | | | | 环保部门 | | 其他部门 | | | |
| 文本数量 | 22 | | 122 | | 260 | | 178 | | 582 | |
| 所占比例 | 3.8% | | 21% | | 44.6% | | 30.6% | | 100% | |
| 行政途径 | 18 | 3.1% | 108 | 18.6% | 228 | 39.2% | 98 | 16.8% | 452 | 77.7% |
| 经济途径 | 2 | 0.3% | 12 | 2.1% | 11 | 1.9% | 58 | 10% | 83 | 14.3% |
| 社会途径 | 2 | 0.3% | 2 | 0.3% | 20 | 3.4% | 23 | 4% | 47 | 8% |

始发挥更加重要的作用。

在 20 世纪 80 年代和 90 年代是以行政途径为主导，通过法律、法规对政策对象进行监督、管制、限制，比如污染物排放标准、排污许可证制度、"三同时"制度等。2001 年后，经济途径和社会途径的政策有所增加，包括更完善的排污费征收、税收返还、清洁生产等。从 2006 年开始，经济途径和社会途径的政策大量增加，环境保护政策风格变化愈加显著，虽然行政途径仍然占据主导地位，但其他两种途径所占比例已经显著上升，在近年来已形成三种途径并举的新政策风格，如图 4 所示。

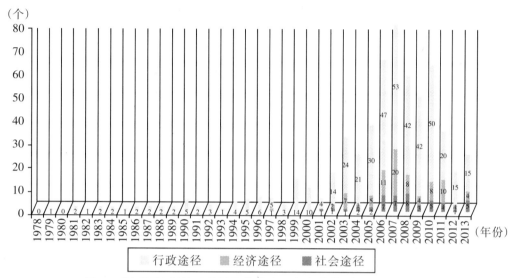

图 4　我国环境保护政策风格的演变历程与趋势（1978~2013 年）

综合来看，我国环境保护政策自改革开放以来，在政策数量、政策议程、政策机制以及政策风格等方面都发生了巨大变化，而环境保护政策的持续变迁也映射着这一时期我国环境保护战略的基本脉络。

## 五　结论与展望

我国领导层对于环境保护重要性的认识是富有远见卓识的，在改革开放之初极其艰难的情况下坚持推动环境保护事业的发展，为后来环境保护取得重大成就和提出建设生态文明奠定了坚实基础。颁布环境保护基本法律的时间，我国是 1979 年，美国是 1970 年，英国是 1974 年，法国是 1976 年，日本是 1967 年，瑞典是 1969 年。然而，从当时的人均 GDP 来看，1979 年我国人均 GDP 为 269 美元，仅相当于美国

20 世纪初的 GDP 水平，而美国在 1970 年的人均 GDP 已达 10383 美元，发达国家中当时相对落后的日本在 1967 年人均 GDP 也达到 1225 美元。因而，我们在评价当前中国与发达国家环境质量差异之时，理应认识到双方在环境保护事业起步与发展过程中所具备的物质条件差异是导致现状的不容忽视的重要原因。

实际上，我国环境保护事业的发展历程非常曲折，从新中国成立后到 20 世纪 70 年代前，由于生产力水平尚不高，环境压力有所上升但并未造成大范围影响。自 20 世纪 70 年代开始，领导层对于环境保护问题的关注度持续上升，1973 年我国首次召开了全国环境保护会议，指出社会主义国家也会有环境污染，需要认真治理，通过了环境保护 "32 字方针"，对十个方面的环境保护提出了要求并做出了部署，环境保护专门机构得以成立，"框架构建" 基本完成。到 20 世纪 70 年代末，较严重的环境问题开始在我国多地出现，但由于国民经济尚处于恢复期，环境压力大于回应力，总体战略及其政策体现为 "重点推进"，我国先后对北京、天津、沈阳、太原等地区的江河和大气污染开展了重点治理。20 世纪 80 年代后，随着国民经济有所恢复，我国在 1983 年将环境保护定为一项国策，将环境意识升华为国策意识，此后，我国制定了环境保护与经济建设 "三同步" 的总方针、总政策，推动了环境保护的法制化与科学技术化，回应力有所提高。然而，压力增长很快进入高峰期，到 20 世纪 90 年代中期，特别是 2001 年我国加入世贸组织后，我国工业化、城镇化程度加深、步伐加快，给生态环境造成巨大压力，但回应力增长未能与之协同，随之引发了较以前更为严重的环境问题。因而，这一时期我国环境保护仍停留在 "重点推进" 阶段，先后实施了 "一控双达标"、"三河"、"三湖" 水污染防治，"两控区" 大气污染防治、一市、"一海" 等举措，以 "治标" 为 "治本" 换取了时间和空间。2006 年是我国社会经济发展取得标志性成就的一年，人均 GDP 超过 2000 美元，第三产业占 GDP 比重达到 40%，科技水平与环保投入显著提高，"可持续发展" 与环保理念成为上下共识，法律法规的制度框架初步形成，环境保护的市场途径和社会途径取得进展，应对环境压力的能力也显著增强。与此同时，我国环境保护战略也进行重大转变而进入 "全面跃迁" 时期。自 2006 年提出 "三个转变" 后取得重大进展，进入了以保护环境优化经济增长的新阶段。中共十七大以后，党中央、国务院先后又提出了建设资源节约型、环境友好型社会以及建设美丽中国等。中共十八大将生态文明建设纳入中国特色社会主义事业总体布局，昭示着要从建设生态文明的战略高度来认识和解决我国环境问题，为我国环境保护在 21 世纪的新挑战进行 "框架构建"。我国的生态文明理念在国际上也引起普遍关注，联合国环境规划署第 27次理事会将生态文明正式写入决定案文。2014 年我国颁布和实施新《环境保护法》，在推动建立符合环境承载能力的绿色发展模式、在推动多元共治、联防联治的现代环境治理体系方面取得重大进步。

**参考文献**

［1］赵景华，李宇环. 公共战略学的学科构建与发展趋势［J］. 中国行政管理，2010（8）：112-116.

［2］王伟，赵景华. 新世纪全球大城市发展战略关注重点与转型启示——基于 15 个城市发展战略文本梳理评析［J］. 城市发展研究，2013（1）：1-8.

［3］赵景华，马忻，李宇环. 公共战略学的战略拐点理论［J］. 中国行政管理，2014（1）：65-70.

［4］李宇环. 地方政府战略管理能力评价模型与指标体系［J］. 中国行政管理，2015（2）：72-78.

［5］约翰·W. 金登. 议程、备选方案与公共政策［M］. 丁煌等译. 北京：中国人民大学出版社，2004.

［6］S. Walgrave and F. Varone. Punctuated Equilibrium and Agenda–Setting：Bringing Parties Back in：Policy Change after the Dutroux Crisis in Belgium［J］. Governance：An International Journal of Policy，Administration，and Institutions，2008（3）：275– 296.

［7］弗兰克·鲍姆加特纳，布赖恩·琼斯. 美国政治中的议程与不稳定性［M］. 曹堂哲，文雅译. 北京：北京大学出版社，2011.

［8］The U. S. A General Account ability Office. Content Analysis：A Methodology for Structuring and Analysis Written Material［M］. Boston：Houghton Mifflin Company，1989.

［9］杨正联. 公共政策文本分析：一个理论框架［J］. 理论与改革，2006（1）：24-26.

［10］王保华. 研究型分析：一个重要的政策分析方法——兼对一个政策文本的分析［J］. 国家教育行政学院学报，2003（8）：68-72+87.

［11］赵筱媛，苏竣. 基于政策工具的公共科技政策分析框架研究［J］. 科学学研究，2007（1）：52-56.

［12］涂端午. 中国高等教育政策制定的宏观图景——基于 1979~1998 年高等教育政策文本的定量分析［J］. 北京大学教育评论，2007（4）：53-65+185.

［13］李燕萍，吴绍棠，郜斐，张海雯. 改革开放以来我国科研经费管理政策的变迁、评介与走向——基于政策文本的内容分析［J］. 科学学研究，2009（9）：1441-1447+1453.

［14］郑代良，钟书华. 1978~2008：中国高新技术政策文本的定量分析［J］. 科学学与科学技术管理，2010（4）：176-181.

［15］熊勇清，侯玲玲. 传统产业转型升级促进政策的变迁及特征分析——政策文本计量分析视角［J］. 软科学，2013（5）：32-36.

# The Research of Environmental Policy Change in China from the Perspective of Public Strategy

## MA Xin

**Abstract**: This article selected 582 environmental protection policies issued by central government of China since 1978, applied text measurement analysis method to research the evolution of China environmental protection policies and strategy systematically. Studies found that environmental protection strategy of China has experienced significant changes from "focus on" to "comprehensive governance" in the new century, furthermore, the author applied concepts of "environmental pressure" and "response force" to reason these strategic decisions.

**Key Words**: Public Strategy; Environmental Protection; Policy Change; Policy Quantity Measurement

# 情怀与战略

## ——专访山西省委常委、大同市委书记张吉福

**编者按：**市委书记是党在地方执政的核心力量，是落实中央大政方针、凝聚党心民心、推动地方发展的最高负责人。在当前全面从严治党、深化改革、转型发展的新形势下，如何不断提高领导水平，更好地履行职责，出色地完成党和人民赋予的光荣使命，是每位市委书记都必须认真思考的重大课题。本期"主编访谈"专访山西省委常委、大同市委书记张吉福，探寻在山西深陷"塌方式腐败"和经济"断崖式下滑"背景下临危受命的他，是以怎样的情怀和战略带领全市干部群众开启大同发展新篇章。

**嘉宾介绍：**

张吉福，汉族，1964 年 9 月生，天津市人，研究生学历，工学博士，1985 年 3 月加入中国共产党，1989 年 9 月参加工作。先后任北京市投资促进局局长，北京市平谷区区长、区委书记，2015 年 7 月任中共大同市委书记，2016 年 11 月当选山西省委常委。

### 亲民·务实·清廉

**主　编：**离京入晋，政治生态和执政环境都发生了显著变化，特别是在山西发生"系统性贪腐"、经济"断崖式下滑"的时候，作为临危受命的地方党委"一把手"，您是如何带领全市干部群众开启大同发展新篇章的？

**张吉福：**作为一名党员干部，摆在工作第一位的始终是坚定正确的政治方向，要务实进取、敢于担当、稳中有进。结合大同的实际，我体会到：第一，要努力做到四个字，"忠"、"真"、"严"、"实"。一是"忠"字，就是对党忠诚，讲政治、守规矩，坚决与党中央和省委保持一致，做到与党同心。二是"真"字，就是真心为民，

把群众需要作为第一目标，努力让人民群众得到更多实惠，做到与民同德。三是"严"字，就是从严治党、严抓作风，落实好两个责任，把纪律规矩放在前面，做到廉政同律。四是"实"字，就是实干创新，树立敢于担当、攻坚克难的导向，推动经济社会健康发展，做到干事同力。

第二，要做到"四同"，与党同心、与民同德、廉政同律、干事同力。这"四同"正好与大同的名称契合，古语讲，大道之行也，天下为公。选贤与能，讲信修睦。不闭而兴，是谓大同。我来大同就是要以"四同"向党、向全市人民做出郑重承诺。大同古城是大同厚重历史文化的标志，我听说它有四道城门，分别是和阳门、永泰门、清远门、武定门。让我们以和阳门见证同心、以永泰门见证同德、以清远门见证同律、以武定门见证同力，与全市干部群众同呼吸、共命运，努力把这座伟大的城市建设得更美好、发展得更富饶。

第三，深入调研，虚心学习，认真履职。作为山西省委常委和大同市委书记，我深感肩上责任重大。既然到了一个新地方，那就要从学生做起，从考察调研、吃透情况开始。按照从远至近、从贫至富的顺序，我先去了灵丘和天镇两个县。第一站选择了大同的最南端灵丘，首次调研谈得最多的是政治生态，要解决信心问题、解决精气神问题。这是离大同市区最远的县，选择灵丘还因为这是平型关大捷的地方。在调研讲话中我特别强调了要发扬"平型关精神"，在灵丘这片孕育着红色基因的沃土上，中国革命从胜利走向胜利，过去党信任这里的群众、依靠这里的群众，现在我认为我们的干部主流仍然是好的，是党信得过、靠得住的，我们要取得新的胜利。第二站选择了大同的最北端天镇，是大同市经济最不发达、人均收入最低的地方，重点就是要摸民情。在调研中不仅倾听群众的情况和诉求，还要看看粮食在哪里、土地怎么样、家里的条件如何，眼见为实。在考察了灵丘和天镇后，我又去了一些发展比较好的区县，重点调研当地企业和经济的发展情况。

大同是一座具有厚重历史、文化底蕴的城市，尤其是大同人民对古城的感情很深。我和市长彦平同志到古城调研时做了表态，尽力做好事关改善群众居住条件的民生工程，用经济思维和市场意识，让古城形象塑起来，让古城魅力"活"起来，让古城市场"火"起来，成为撬动大同产业转型的重要动力，真正让古城保护与建设带给大同百姓实实在在的利益。

我坚信有历届大同市委班子打下的基础，有市委一班人和市人大、政府、政协的积极支持配合，有一大批德高望重的老领导、老同志们的指导帮助，有全市广大干部的共同努力，有身后330多万大同人民的拥护支持，我们一定能把大同的工作干好，为实现弊革风清、富民强市的目标作出新的、更大的贡献，让省委放心，让大同人民满意。

### 整顿·激励·净化

**主　编：**能否选好人、用好人，是衡量市委书记能力素质和工作业绩的重要标准。在上任伊始的特殊时期，您是如何创新工作方式进行吏治整顿的？

**张吉福：**上任之后从严治吏，抓好干部建设，净化政治生态是组织安排我到大同工作的重要目标之一。当时大同干部队伍涉案人员规模较大，如何处理这种系统性腐败是面临的严峻问题。2015年，中央纪委从推进全面从严治党的战略高度提出了监督执纪"四种形态"，大同据此提出了涉案人员处理的"四个结合"，即结合涉案情况、结合一贯表现、结合主动表态、结合当下工作，在继续坚持惩前毖后、治病救人方针的前提下，在严惩极少数的同时，坚持分类把握、宽严相济、突出重点、实事求是等原则，教育挽救大多数，积极引导问题干部主动交代解决问题，在减存量上取得了很大的成效。

2015年11月底，我召集了各县（区）委书记、纪委书记进行集体约谈，布置了四大任务：要找准存在问题，完善"问题清单"；找出权力运行风险点、防控点，列出"责任清单"；强化改进措施，列出"整改清单"；要盯住问题，从具体人、具体事着手，列出"追责清单"，严肃追责问责。2016年6月我又进行了第二次集体约谈，要求各县（区）委书记带头做出承诺：不充当"保护伞"、约束自己及身边的人不参与黄、赌、毒等各类违法犯罪行为，不说情打招呼、不干预正常执法行为等。目前，大部分干部队伍涉案人员均已甄别处理，以内部激励为主、考核奖惩结合的方式大大激活了干部的工作积极性和主动性，现在大同干部的整体工作状态在全省也是比较突出的。

我在浑源调研的时候，特意参观了全国重点文物保护单位栗毓美墓，拜谒了栗家祠堂。"一日在官，不忍一日不尽心民事"，这种高品大德所释放的人格魅力和精神风范，令我为之震撼和敬仰。大同干部要见贤思齐、清正廉洁，改好百姓烦的事，干好百姓盼的事，规范百姓看的事。

### 坚持党委统一领导，内外协调共商大同发展大计

**主　编：** 我们知道各级党委要担当起全面领导责任，就要发挥好"总揽全局、协调各方"的作用。您作为大同市的最高责任人，是如何从推动全局工作的要求出发，调动各方面的积极性的？

**张吉福：** 首先是加强思想建设，始终与党中央在思想政治行动上保持高度一致。大同发展首先就是要凝聚共识，统一思想。2015年10月初到11月底，我们在全市范围内开展以"同心同力　发展大同"为主题的大讨论活动。活动分市级、市直、县区乡镇、社会群众四个层面，按照动员部署阶段、深入调研、广泛收集、征求意见阶段，汇总、梳理、讨论并形成报告阶段、成果交流共四个阶段进行，并确定了如何推进"六大发展"、"煤炭六型转变"、促进富民强市深入讨论、建言献策等14个大讨论参考题目。开展大讨论，就是要从百姓的需求出发，要始终坚持"问计于民、问需于民、问政于民"的原则，使市委、市政府的决策真正体现百姓意志，为富民强市奠定坚实的社会基础。通过开展大讨论汇聚了全市发展的强大正能量，为党代会的胜利召开奠定了群众基础，统一了战略思想。

加强班子建设，充分发挥党委在经济建设和社会发展中的领导核心作用。在坚持党的领导的前提下，一个市的党委书记关键是要把方向、定思路、用干部。所以我在讲大同发展的时候提出了三句话——近期稳增长、远期促转型、关键用干部，所以选好、用好干部是关键。优化领导班子知识结构、专业结构和年龄结构，选优配强各级领导班子；坚持总揽全局，以上率下，发挥各级党委（党组）领导核心作用。来到大同，我们首先要从源头上净化政治生态，遏制形形色色的潜规则、大大小小的关系网，防止外行领导内行、劣币驱逐良币的现象发生，努力营造风清气正的从政环境。我提出了匡正用人导向的三大原则，让干部工作起来"顺事、顺人、顺心"。大同区县换届，我和所有的副处级干部一对一谈话，谈班子，谈班子中的每个成员，包括举荐后备干部，谈谈他们自己的愿望诉求等。在干部队伍建设方面，要坚持德才兼备、以德为先，坚持事业为上、公道正派，坚持五湖四海、任人唯贤，重实绩、重基层、重公论，形成激励干部作为的鲜明导向；大力培养选拔优秀年轻干部、女干部、党外干部和基层干部，带着感情和责任做好老干部工作；积极构建激励干部担当作为和合理容错机制；改进完善干部教育培训方式；健全完善人才培养、引进、使用、评价、激励机制体系，实施人才"凤凰计划"，加大与京津冀等区

域人才对接交流力度。

支持人大、政府、政协和审判机关、检察机关依照法律和章程独立负责、协调一致地开展工作。作为党委书记，一定不能忘记他的协调作用，对上、对下、对左、对右。要打破按照级别对应的原则，凡是对大同发展有利的，书记就应该出面、应该去做工作。党政要和谐，书记和市长有明确的分工，书记不能过于干涉市长职责范围的事情，要相互尊重，多商量、多沟通。另外，很重要的问题就是怎样协调党委、人大、政府、政协之间的关系。在我们的政治分工里面，人大是国家的权力机关，法律地位是高于行政机关的，政协是党领导的多党合作和政治协商的重要机构，其建言献策有利于科学、民主决策，所以我们要充分发挥人大、政协的作用。比如，我们最近搞扶贫工作，就请人大、政协组织巡视组、暗访组进行调研，充分调动和发挥他们的积极性。每年我要求以市委的名义商量党代会的工作，请人大常委会领导和部门负责人参加，健全完善党委领导人大工作的各项机制。一定要支持和保证人大及其常委会依法行使选举任免权，凡需人大及其常委会选举、任命的干部，要严格按照相关法律法规执行。弹钢琴，大合唱，形成党委领导下的人大、政府、政协协调一致的工作机制。切实加强党委对人大工作的领导和支持，充分发挥人大在推进依法治国进程中不可替代的作用。

## "一个"中心，"三个"大同，谱写"中国梦"的大同篇章

**主　编：**转型发展是大同面临的严峻现实，作为这个城市领导班子的班长，您如何看待转型过程中的机遇和挑战？未来大同发展的战略蓝图是什么？

**张吉福：**在稳定政治局面的同时，努力专注城市的转型发展。大同是山西发展的缩影，转型任务十分艰巨。煤炭对这座城市的产业、税收、百姓就业甚至城市文化，都有很深的影响，但随着能源结构发生变化，煤炭的销售、生产不可避免地下降，再守着煤炭肯定不行。无论是从眼前还是从未来看，我们一定要坚定不移地走转型发展的道路。抓住转型发展，就抓住了牵动全局的"牛鼻子"。大同就是要抓住新的重大历史机遇，通过创比较优势，早动手，快出手，营造出有利于生产要素聚集的条件，形成新的发展优势，坚定不移地走转型发展之路。

具体而言，我们要坚持走四条转型路径：一是格局要转型。未来我国经济由成长型经济向发育型经济转变，因此，要顺势而为，创造优势，主动作为，积极把大同打造成具有重要影响力的区域中心城、对接京津冀先行城、晋冀蒙交汇区龙头城、转型综改创新城，全面构筑城市硬件基础，改造软件内涵，并轨区域现代市场体系。推进高铁建设，完善高速路网，增加通航线路，打通广蔚高速，连接京西走廊。通过创造交通优势和要素优势，抢占分工优势，从而在谋划上获得主动权。

二是思路要转型。坚决破除以煤兴市的幻想，积极转变发展思路，发挥大同区位优势，打造东承首都、西接丝路、南贯三晋、北通蒙俄的区域性中心城市。树立"合天、合地、合人"思想，遵循自然规律的可持续发展，建设美丽大同；牢牢扭住建设美丽大同、富裕大同、幸福大同"三条主线"加快思路转型，就是要遵循经济规律的科学发展，建设富裕大同；遵循社会规律的包容性发展，建设幸福大同，让全市人民都有获得感和幸福感。这既是我们的目标，也是贯彻落实省党代会精神的重大思路。

三是产业要转型。紧紧围绕省党代会提出的"六大工程"建设，抓住国家战略机遇、市场整合机遇及大张和大西高铁、冬奥会等现实机遇，加快文化旅游产业、非煤工业、现代服务业三大板块为主导的产业布局和转型发展步伐；着力打造一批绿色惠民、环保利民、高效富民的大项目、好项目，推进新兴产业和城市建设相融合，推动产业再造、产园共生、产值倍增。积极打造清洁能源供应地、战略新兴产业供应地、首都功能溢出承接地、旅游休闲度假目的地、绿色农产品供给地、生态康养宜居地六大基地，在清洁能源、新型材料、装备制造、文化旅游、节能环保、食品医药、现代物流、康养八大产业，构建多元化中高端现代产业体系。

四是动力要转型。要加快金融创新、科技创新、体制机制创新和民营经济发展，实施人才引进"凤凰计划"，让进大同的资金多于出大同的资金，让进大同的人才多于出大同的人才，让进大同的企业多于出大同的企业，实现大同产业"腾笼换鸟"，转型升级。

对接任务，落实责任。党代会后，就大同市第十五次党代会精神学习贯彻情况及县区今后发展思路措施等我们进行了一系列调研。先后到国投大同能源有限责任公司、南郊区、阳高县、经济技术开发区、广灵县、灵丘县、天镇县、教育系统等地调研，主要是了解党代会的提法怎样与地方对接，确保党代会确定的目标任务和战略举措，逐条细化、量化分解，把目标任务明确到各级各部门头上、具体责任人身上，健全人人负责、层层尽责、环环相扣、科学合理、行之有效的工作责任制，牢牢拧紧责任链条，将压力层层传递，一级带着一级干，干部带着群众干，使每个人都把责任放在心上，把担子扛在肩上，把落实抓在手上，扎实有效地推进各项工作落实。

要实现大同发展的战略蓝图，完成确立的目标任务，靠的就是一个"干"字——为民干事、务实干事、清廉干事！我们将以信任为责任、以责任为使命，大干、快干、实干加苦干，用实际行动，把写在纸上的目标任务实实在在写在大同的大地上，谱写"中国梦"的大同篇章！

# 艾伦·罗森鲍姆

艾伦·罗森鲍姆（Allan Rosenbaum）教授现任美国佛罗里达国际大学公共管理与社区服务研究所所长及民主与善治中心主任，美国国家公共行政研究院研究员，并担任由联合国秘书长提名，联合国经济与社会理事会确认的联合国公共行政专家委员会（UNCEPA）委员，是该委员会24名代表中唯一美方委员。2014~2015年担任美国公共行政学会（ASPA）主席。

依托拥有56000名学生的佛罗里达国际大学，研究所及中心致力于服务国际领域的治理改革、民主化、地方政府及民主机制建设。研究所及中心承担了美国国际发展署（USAID）、世界银行及其他国际组织在拉丁美洲、非洲、亚洲及中东欧地区的项目，是佛罗里达国际大学参与国际治理改革、法治实践、地方政府与民主机制建设的首要研究机构。研究所与迈阿密—戴德县政府及世界银行每年主办的拉美国家的市长与地方首长会议，成为西半球拉美国家地方政府交流发展与治理经验的重要年会。

罗森鲍姆教授曾任美国佛罗里达国际大学城市与公共事务学院院长，于2001~2004年、2007~2010年两度出任国际行政院校联合会（IASIA）主席，他还是国际行政科学学会（IIAS）及美国公共事务与行政院校联合会（NASPAA）的执行委员。

艾伦·罗森鲍姆教授有着丰富的理论和实践研究经历，研究主要集中在治理改革、地方分权、民主化建设等领域，成果丰硕，卓有建树。他担任主席的美国政治科学学会（APSA）、莱昂纳德·怀特委员会及联合国公共行政教育卓越标准工作组，形成大批关于政府治理与公共管理的论文和研究报告，研究和咨询活动遍布世界上80多个国家。为此，在国际上荣获政府及公共组织的多项奖励。

艾伦·罗森鲍姆教授早期曾在马里兰大学巴尔的摩分校、威斯康星大学、康涅狄格大学、芝加哥大学等高校任教，并曾在迈阿密市政府、伊利诺伊州政府、美国联邦政府从事预算、立法及行政工作。他的政策研究覆盖高等教育、就业、培训、经济发展、社会福利、城市发展和科技政策等方面。罗森鲍姆教授拥有迈阿密大学历史学学士学位、南伊利诺伊大学高等教育行政学硕士及加州大学伯克利分校政治科学与公共行政硕士学位。1976年，获得芝加哥大学政治科学博士学位。